思想政治理论课如何讲好中国故事

姚洪越　著

知识产权出版社
全国百佳图书出版单位
—北京—

图书在版编目（CIP）数据

思想政治理论课如何讲好中国故事/姚洪越著. —北京：知识产权出版社，2024. 1
ISBN 978 -7 -5130 -9165 -7

Ⅰ. ①思… Ⅱ. ①姚… Ⅲ. ①思想政治教育—中国—通俗读物 Ⅳ. ①D64 -49

中国国家版本馆 CIP 数据核字（2023）第 255101 号

责任编辑：国晓健　　**责任校对：**谷　洋
封面设计：臧　磊　　**责任印制：**孙婷婷

思想政治理论课如何讲好中国故事

姚洪越　著

出版发行：	知识产权出版社有限责任公司	**网　　址：**	http://www.ipph.cn
社　　址：	北京市海淀区气象路 50 号院	**邮　　编：**	100081
责编电话：	010 -82000860 转 8385	**责编邮箱：**	guoxiaojian@cnipr.com
发行电话：	010 -82000860 转 8101/8102	**发行传真：**	010 -82000893/82005070/82000270
印　　刷：	北京中献拓方科技发展有限公司	**经　　销：**	新华书店、各大网上书店及相关专业书店
开　　本：	880mm ×1230mm　1/32	**印　　张：**	6. 625
版　　次：	2024 年 1 月第 1 版	**印　　次：**	2024 年 1 月第 1 次印刷
字　　数：	160 千字	**定　　价：**	58. 00 元

ISBN 978 -7 -5130 -9165 -7

内容摘要

思想政治理论课是落实立德树人根本任务的关键课程，也是讲好中国故事的重要阵地。思想政治理论课讲好中国故事要以习近平总书记关于讲好中国故事和关于思想政治理论课的重要论述为遵循和指导，结合实际构建和发展思想政治理论课讲好中国故事的理论体系，作为思想政治理论课讲好中国故事的理论基础。思想政治理论课讲好中国故事十分重要，要讲好中华民族的故事、中国共产党的故事、中华人民共和国的故事、改革开放的故事、中国特色社会主义的故事，特别是新时代的故事，以这六大故事体系为支撑，结合其他相关故事的讲述，形成思想政治理论课讲好中国故事的内容体系。思想政治理论课讲好中国故事，必须高度重视思想政治理论课教师、思想政治理论课学生和思想政治理论课讲好中国故事的其他各种主体作用的发挥，不断探索不同主体的优势和长处，不断探索不同主体协作讲好思想政治理论课故事的最佳方式，更好地推动中国故事及其背后的价值道理内化于心、外化于行。思想政治理论课必须深入研究讲好中国故事的方式方法，不断推动讲好中国故事方式方法的完善和创新，多视角探索不同方式方法的效果，最大限度地改进方式方法。探索和完善思想政治理论课讲好中国故事的效果评测体系是思想政治理论课讲好中国故事的重要抓手，要发挥好不同评判主体、不同评判节点、不同评判周期的多视角效果测评体系的作用，更加客观、公正、全面地评判思想政治理论课讲好中国故事的效果、思想政治理论课讲好中国故事的不同环节在效果发挥中的具体作用，以此作为改进工作、提升效果的重要基础。

前　言

讲好中国故事，是以习近平同志为核心的党中央的重要工作部署和要求。据不完全统计，2012 年以来，习近平总书记先后几十次提到讲好中国故事。这些论述既包括在国际场合提及讲好中国故事，树立中国形象；也包括要求各实际部门、各条战线都要讲好中国故事；既包括从整体上讲好中国的故事、中国人的故事、中国和平发展的故事、中华民族的故事、中华人民共和国的故事、中华优秀传统文化的故事；也包括重点讲好中国特色社会主义制度的故事、中国共产党的故事、中国革命故事、红色故事以及不同地区的故事、不同人物的故事、不同精神的故事、不同领域的故事；等等。

在众多讲好中国故事的论述中，习近平总书记在 2019 年 3 月重点论述到思想政治理论课讲好中国故事的相关内容，成为我们做好工作的重要遵循。在 2019 年 3 月的学校思想政治理论课教师座谈会上，习近平总书记在论及“推动思想政治理论课改革创新，不断增强思政课的思想性、理论性和亲和力、针对性”时，多次提到“讲故事”“会讲故事”和“讲好故事”，在论及“坚持政治性和学理性相统一”时，指出：“在大中小学的不同学段，无论是通过讲故事、讲历史还是讲理论的方式讲思政课，都要体现思政课的政治引导功能。”[1] 在论及“坚持灌输性和启发性相统一”时，指出：“会讲故事、讲好故事十分重要，思政课就要讲好中华民族的故事、中国共产党的故事、中华人民共和国的故事、中国特色社会主义的故事、改革开放的故事，特别是要讲好新时代的故事。讲故事，不仅老师讲，而且要组织学生自己讲。”[2] 在这里，习近平总书记把“讲故事”作为讲思政课的三个讲授方式之一，与“讲历史”和“讲理论”相并列，给予了很高的定位；明确指出在实现“灌输性与启发性”相统一这一思想政治理论课改革创新的重要原则中，“会讲故事、讲好故事十分重要”，并就思想政治理论课要讲好哪些故事进行了详细的论述：“中华民族的故事、中国共产党的故事、中华人民共和国的故事、中国特色社会主义的故事、改革开放的故事”，特别是“新时代的故事”，并明确指出：“讲故事，不仅老师讲，而且要组织学生自己讲。”2020 年在湖南沙洲村视察时，在沙洲村小学四年级的思政课上，习近平总书记在称赞了学生讲述的“丰碑”故事之后指出：“红色基因在你们身上得到了体现。革命事业要一代一代传下去。同学们要学好革命故事，铭记在心，同时把建设现代化的知识和本领也掌握好，努力做社会主义建设者和接班人。你们现在是一棵棵小树苗，将来有一天就会长成中华民族的参天大树。”[3]

习近平总书记关于思想政治理论课要讲好中国故事的重要

---

[1] 习近平：《思政课是落实立德树人根本任务的关键课程》，人民出版社，2020 年，第 18 页。

[2] 习近平：《思政课是落实立德树人根本任务的关键课程》，人民出版社，2020 年，第 22－23 页。

[3] 《坚守人民情怀，走好新时代的长征路——习近平在湖南考察并主持召开基层代表座谈会纪实》，《人民日报》，2020 年 9 月 21 日第 1 版。

论述，既为我们提出了问题、指明了方向，也为我们提供了道路、准备了方法。如何把习近平总书记的重要论述变为思想政治理论课改革创新的鲜活实践，贯彻落实这些论述，实现思想政治理论课改革创新的巨大飞跃，全面提升思想政治理论课在落实立德树人根本任务关键地位上的应有作用，是全体思想政治理论课教师的重要时代课题，也是思想政治理论课教师在新时代成长成才、培育人才的重要舞台和难得契机。

从 2017 年年底，以北京市教工委高校思想政治理论课教学改革创新重大项目的申报和实施为抓手，笔者和同事们开始关注和探索思想政治理论课如何讲好中国故事这一领域，滴滴点点、涓流汇集，形成了一些思考成果，在此基础上，逐渐把思考和探索的成果汇集起来，形成系统思考，取名为“思想政治理论课如何讲好中国故事”供各位同行专家参考批评，以求有助于思想政治理论课的改革创新，有益于更好地讲好中国故事，有益于担当民族复兴大任的时代新人的更好成长成才。

当然，本书作为思想政治理论课讲好中国故事的一个尝试，具有很大的改进提升空间，期待各位专家读者能够提出宝贵的意见建议，帮助笔者在下次修订时改进提升。

姚洪越

2022 年 5 月初稿于京西卧龙岗

2023 年 7 月修定于海淀增光路寓所

目　录

第一章　思政课为什么要讲好中国故事

思想政治理论课要讲好中国故事，是为习近平总书记所多次强调的，具有深厚的多学科理论支撑，是思想政治理论课改革创新的重要凭借和依托，具有很高的可行性。习近平总书记的相关论述为思想政治理论课讲好中国故事指明了方向。“讲好中国故事”是习近平总书记念兹在兹的重大课题，是我们必须完成的重要使命。思想政治理论课为什么要讲好中国故事，是思想政治理论课讲好中国故事的核心问题之一，也是本章要分析的主要内容。

一、思政课讲好中国故事的理论支撑

思想政治理论课以政治引导为其基本功能，是对大学生进行思想政治教育的主渠道、第一课堂。思想政治教育有其内在的规律性，认识和把握这些规律，是讲好思想政治理论课的基本前提。

恩格斯指出：“自由不在于幻想中摆脱自然规律而独立，而在于认识这些规律，从而能够有计划地使自然规律为一定的目的服务。这无论对外部自然的规律，或对支配人本身的肉体存在和精神存在的规律来说，都是一样的。这两类规律，我们最多只能在观念中而不能在现实中把它们互相分开。因此，意志自由只是借助于对事物的认识来作出决定的能力。因此，人对一定问题的判断越是自由，这个判断的内容所具有的必然性就越大；而犹豫不决是以不知为基础的，它看来好像是在许多不同的和相互矛盾的可能的决定中任意进行选择，但恰好由此证明它的不自由，证明它被正好应该由它支配的对象所支配。因此，自由就在于根据对自然界的必然性的认识来支配我们自己和外部自然；因此它必然是历史发展的产物。”❶ 基于思想政治理论课教学规律，提升高校思想政治理论课的亲和力和针对性，始终是高校思想政治教育工作的重中之重。对于经过中小学阶段政治课学习和全媒体时代政治理论信息触手可及的大学生而言，“道理往往不如故事”，讲鲜活故事，往往在高校思想政治理论课教学中会获得意外的良好效果。思想政治理论课讲好中国故事，对于学习贯彻习近平总书记关于“讲好中国故事”的重要论述，对于改善思想政治理论课教学效果，对于促进大学生思想政治素养的提高，具有十分重要的意义。讲好思想政治理论课，需要对思想政治理论课的教育教学规律、思想政治教育规律、大学生的成长成才规律等进行通盘掌握，从这些规律的需要出发来看待思想政治理论课讲好中国故事，为我们深入认识

---

❶ 中共中央马克思恩格斯列宁斯大林著作编译局：《马克思恩格斯选集》（第3卷），人民出版社，2012年，第491－492页。

思想政治理论课讲好中国故事的理论基础指明了方向。

第一，思想政治理论课讲好中国故事是由思想政治理论课教育教学规律所决定的。

高校思想政治理论课具有鲜明的理论性，思想政治理论课本质上是讲道理。这些道理不是通过简单推理就能够得出的，也往往不是日常生活中一目了然、简单明了的，而是需要拨开历史的迷雾和庞杂的史料，经过长期的实践和深邃的思索，有的还需要经过长期的人生和社会阅历才能够有所感悟、有所体认的历史规律、社会发展理论。在思想政治理论课教学中，时常出现老师虽然引经据典、层层推理，不断引用众多数据，但学生依旧一脸茫然，心不在焉的状况。如何提升思想政治理论课的亲和力和针对性，如何提升思想政治理论课学生的积极性、主动性和参与性，是长期困扰广大教师的重大现实问题。例如：思想政治理论课所讲授的中国特色社会主义理论、中国特色社会主义道路、中国特色社会主义制度、中国特色社会主义文化，具有其学理性、复杂性和深刻性。对于专家学者而言，理论、制度、道路、文化的逻辑性、体系性、实践性和演进性无疑具有十分重要的地位，也是展示这些内容魅力的所在。但是，对于广大学生而言，特别是对于广大非马克思主义理论专业的学生而言，这些特征往往成为他们了解认知把握学习中国特色社会主义理论、中国特色社会主义道路、中国特色社会主义制度和中国特色社会主义文化的障碍。这也就部分地揭示了思想政治理论课上经常出现的言者谆谆，而听者藐藐；台上滔滔不绝，而台下一片茫然的状况。

思想政治理论课是知识的传授，更是理论和价值的传授，价值和理论的多样性和可选择性，决定了思想政治理论课的教学，必须重视情感的力量，而故事是情感教学的重要载体。不同于物理学、地理学等自然科学，思想政治理论课除了知识的传授，如“中华人民共和国是 1949 年成立的”，这类客观历史或现实事实，更重要的是传递对马克思主义、社会主义、中国共产党、广大人民的信仰信念、价值理想等内容。因此，思想政治理论课教学和侧重传递知识的学科教学具有不一样的规律。价值、信仰、主义具有多样性，世界上只有一个物理学，物理学知识的教学除了语言上的差异，在任何国家、任何信仰那里都具有相同的内容。所以，在物理课堂上，学生可以不喜欢老师，也可能学不会老师所讲的知识，但即使在这种情况下，学生也绝不会否认老师所讲内容的正确性、科学性，乃至这种正确科学的唯一性。而对思想政治理论课进行政治价值的引导，学生往往会质疑教师所传授的价值、信仰、理想、理念的正确性、适用性，以及自己接受这些内容指导所带来的正向收益特性，从而加大了思想政治理论课教学的难度。例如，在沈腾、马丽等主演的小品《扶不扶》中，弘扬了正能量，有些老师也把这个小品引入思政课堂，给学生传授尊老爱幼、助人为乐的价值观和人生态度。在考试的时候，如果老师简单地询问“看到有老人倒在地上，我们应不应该把他扶起来”，几乎百分之百的同学都会做出肯定的回答。但是，我们也都知道，这些在试卷上做出了正确选择的同学，在生活实践中，有很大一部分同学不会按照自己在试卷上的选择行事。而这种情况，在物理学、数学、地理学等学科中几乎不会出现。这就为思想政治理论课的教学实效性提出了巨大的挑战，如何让思想政治理论课讲授的道理、价值、信仰、信念“内化于心、外化于行”，具有了其他学科不可比拟的艰巨性。

面对不同的人生态度、面对多样化的价值选择、面对利己主义（精致的利己主义）和集体主义、社会主义乃至共产主义的价值选择，思想政治理论课教师在承认个人诚信体系、道德考察评判系统不完备的情况下，利己主义的选择、实用主义的选择，在不少的时候会给个体带来短期世俗利益更优化的同时，要讲清楚（表达出）那些舍己为人、为国奉献、舍生忘死的行为对国家民族的巨大价值；要讲清楚（表达出）这些人的选择，不是因为他们不知道这种选择和其他选择对自己产生的不同后果，而是因为他们信仰的坚定和真诚、对国家和人民深沉的热爱和热忱的奉献精神、对真理和和平具有追求的勇气和捍卫的精神；要讲清楚（表达出）对那些做出符合思政课倡导的选择之人的崇高敬仰；以及对做出非正确选择之人的鄙视厌恶和声讨谴责。对这些内容的讲授和情感的表达，讲故事无疑要比讲道理更有效。习近平总书记多次谈到自己小时候听到岳飞精忠报国的故事，上中学时听到焦裕禄的故事，以及这些故事对自己的信仰及价值观的巨大培育功能，为思想政治理论课讲好中国故事提供了巨大的依据和启示。

思想政治理论课讲授的理论，更多的是关于世界、国家、社会、民族、发展等宏大领域的理论，这些理论，就其主体而言，和普通学生的日常生活、情感经历存在较大距离，这也决定了思想政治理论课教学有一个需要化解的重大难题。马克思在《资本论》论及资本主义经济分析时指出："分析经济形式既不能用显微镜，也不能用化学试剂。二者都必须用抽象力来代替。"[1] 与经

---

[1] 中共中央马克思恩格斯列宁斯大林著作编译局：《马克思恩格斯文集》（第9卷），人民出版社，2009年，第8页。

济形式的分析相类似，思想政治理论课的理论与其他很多学科的理论不同之处在于其很难再现历史场景，很难重新进行社会实验，很难对社会发展和人生演进中的自变量进行随意调整，也很难假设如果没有这些理论和价值选择，会有什么不同结果。这就更增加了思想政治理论课的教学难度。与此同时，思想政治理论课教学的难度还在于：人们都比较能理解与自身成长相关的道理和事物，更能理解自己身边的道理和事物，而思想政治理论课的理论内容距离学生的成长经历较远，在生成情境和理解途径上远离日常生活，再加上不能重复、不能实验，更重要的是，很多学生也很难看到这些内容与自身发展、自身成长之间的相关性（这种相关性是通过国家民族的发展传导体现出来的，很多学生认为自己影响不了这种理论指导下的发展，自己无论如何都只能接受其或好或坏的结果）。这就导致了思想政治理论课很难具有吸引力，很难被学生理解。

习近平总书记指出："讲故事就是讲事实、讲形象、讲情感、讲道理，讲事实才能说服人，讲形象才能打动人，讲情感才能感染人，讲道理才能影响人。要组织各种精彩、精炼的故事载体，把中国道路、中国理论、中国制度、中国精神、中国力量寓于其中，使人想听爱听，听有所思，听有所得。"❶ 思想政治理论课在讲好理论本身的同时，在举好例子的同时，在用数据说话的同时，在做好中外对比的同时，要想更好地提升自身的吸引力和被理解力，就需要通过挖掘所讲理论背后的历史实践和鲜活的故事。通过挖掘这些故事背后的人物的喜怒哀乐、

❶ 中共中央文献研究室：《习近平关于社会主义文化建设论述摘编》，中央文献出版社，2017 年，第 212 页。

忧惧悲伤，通过展现这些人物在面临事业和家庭、爱情和友情、奋斗与安逸、奉献与逃避等不同选择时的情感历程，来展示一个又一个鲜活的人物，不断提升学生的“代入感”，让广大同学通过理解感悟故事人物的辛苦勤奋、心灵冲突、奉献情怀和无私品质，生成对故事中人物的道德评判并产生内心情感，进而激发学生“我也要做这样的人”的愿望，以此来培育学生的道德评判标准、价值选择标准和人生的信仰信念。从“亲其师，信其道”转化为“亲其师所讲故事中的人物，而信并效法践行该人物的选择和行为”，用丰富多彩的故事来说明深刻的道理，展示制度的特色，显示道路的优越，体现文化的多彩，这无疑是吸引学生兴趣、提升学生认知，从而实现思想政治理论课教学目标的重要手段。

第二，思想政治理论课讲好中国故事是由思想政治教育规律所决定的。思想政治教育的特殊性，决定了其具有和其他知识型教育所不同的规律。思想政治教育效果的取得，从根本上说，需要受教育主体（学生）从自己的内心深处、灵魂深处“内生性”地“成长”出自己的价值认同和理想信念。在很大程度上，思想政治理论课教师和其他所有的外部力量，起到的都仅仅是灌输知识和“分享”自己认同的价值选择、理想信念，告诉受教育主体教师（或者说社会）对他的价值和信仰信念选择的期待和要求，并通过各种方式“刺激”“激发”“激活”受教育主体对真善美的内在追求，形成对自身的认可与接纳，进而催生出自身内部的“助人”“崇高”“奉献”等需求，实现受教育主体和教育主体（社会）在这一领域的“双向奔赴”。应该说，思想政治理论课实现自身教学效果的内在根基有三个：自身理论价值信仰选择的科学性和人民性；学生内在本来就具有的对思想政治理论课讲授内容的潜在接受性（学生本来具备的真善美的种子）；通过一定的教育教学方式“激活”和“培育”学生“内心的潜在优秀种子”，使之不断地破土发芽、向阳而生、逐渐长大，成为学生的主导性价值信仰选择，并落实在学生为人处世、社会生活的方方面面，真正实现思想政治理论课的教学目标——“内化于心、外化于行”，真正实现思想政治理论课作为落实立德树人根本任务的关键课程的教学目标。

这种思想政治理论课教学本质上的“激发”“激活”“培育”“引导”性质，要求在教学中充分重视学生内在的“种子”作用，把重点放在对“种子”的“激发”“激活”“培育”“引导”方面。在这里，思想政治理论课讲好中国故事，就具有了无可比拟的独特价值。爱听故事是人的天性，无论在东方还是西方，无论是对宗教家还是政治家，讲故事都是激发人们认同、认可、接纳和响应的最好方式，也是人们千百年来传递价值信仰、理想信念的有效方法。思想政治理论课要用真理的力量打动人，马克思说：“批判的武器当然不能代替武器的批判，物质力量只能用物质力量来摧毁；但是理论一经掌握群众，也会变成物质力量。理论只要说服人，就能掌握群众；而理论只要彻底，就能说服人。所谓彻底，就是抓住事物的根本。而人的根本就是人本身。”[1] 真理力量表现为“掌握”群众，“说服”人，而这就需要“彻底”，需要抓住“人的根本”，也就是抓住“人本身”。思想政治理论课进行了多年的建设，理论本身的科学

---

[1] 中共中央马克思恩格斯列宁斯大林著作编译局：《马克思恩格斯选集》（第一卷），人民出版社，2012 年，第 9 - 10 页。

性、人民性、实践性和开放性不容置疑，但是思想政治理论课教学效果的不尽如人意，同样不容置疑。问题出在哪里呢？就出在对“人本身”的理解上出现了偏差。中国文化经过了长期的发展，在宋明理学的影响下，“讲道理”“讲理”成为广大国人的基本价值选择和共识取得的方式，科学思想经过近代以来的普及和发展深入人心，思想政治理论课教师往往认为，只要把道理讲清楚，就可以让学生信服，就会让学生接受，而事实没有这么简单。很多人都碰到过这种情况，我们讲得苦口婆心，对方听得麻木不仁，充耳不闻，很多受教育主体（听众）会说，你说的都对，但是我不想听，不关心；或者会说，虽然你说的都对，但是我不会照着做，就是不改。父母教育孩子，会遇到这类场景；教师教育学生，也会遇到这类场景。道理的科学性往往不能自动转化为学生的认可度和接受度。问题的关键就在于真理的输出方式缺乏故事的包装。生硬地讲道理很难被人接受，而寓道理于故事之中却是人们喜闻乐见的。故事会自带“翅膀”，日行千里，而道理往往需要运输，需要搬运。这里面的根源在于，故事属于“文”，古人讲“言而无文，行之不远”，就是这个意思。故事因为有情节、有个性鲜明的人物、有感情，更容易引发听故事人的情感共鸣，更容易“行之远”。真正让我们流下眼泪的，不是道理，而是感情，爱情、亲情、友情、乡情，都能引发人们的共鸣，使人印象深刻，从而形成是非价值观的判断。这种特征和功能，往往不是讲道理所能达到的。

“‘讲故事’不仅能阐释观念、触发思考，而且能感染受众、拉近距离，最终在受众头脑中、心灵中获得双重共鸣，可谓理性与感性的结合。”❶ 思想政治理论课要想讲好中国故事，可以通过营造故事的情景氛围，让同学们更好地体会故事中的情景韵味、价值信仰。毛泽东指出，在夏天的晚上，农夫们乘凉，坐在长凳子上，手执大芭蕉扇，讲起故事来，“他们不用任何典故，讲的故事内容却是那么丰富，言辞又很美丽”❷。并且认为，“民间故事”“战士吹牛拉故事”“里面都有艺术”❸。通过讲故事，可以更好地拉近讲述者与听讲者之间的距离，可以通过讲述者、故事中的人物情节、听讲者三者之间的互动共情，营造出更加真实、更有真情、更具感染力的场景情景，充分调动听故事人的身心感受，充分实现故事情节、故事人物，以及故事中所蕴含的道理和价值的深刻记忆，达到传播的效果。“中国故事能不能讲好，中国声音能不能传播好，关键要看受众是否愿意听、听得懂，能否与我们形成良性互动，产生更多共鸣。”❹用听众理解的语言讲述听众感兴趣的故事，加深并传递大家能认可的道理情感价值，就能够做到“讲好故事、事半功倍”。思想政治理论课讲好中国故事，可以更好地激发同学们的热情，可以更好地提高到课率、抬头率和点头率，可以更好地改善教学效果，提升大学生的思想政治素质。

第三，思想政治理论课讲好中国故事，是由学生的成长成

---

❶ 卢新宁：《当好中国故事“主讲人”》，见人民日报社评论部：《习近平讲故事》“后记”，人民出版社，2017 年，第 334 页。

❷ 中共中央文献研究室：《毛泽东文集》第二卷，人民出版社，1993 年，第 124－125 页。

❸ 中共中央文献研究室：《毛泽东文集》第二卷，人民出版社，1993 年，第 429－430 页。

❹ 蔡名照：《讲好中国故事　传播好中国声音———深入学习贯彻习近平同志在全国宣传思想工作会议上的重要讲话精神》，见：人民日报社理论部编：《深入领会习近平总书记重要讲话精神（下）》，人民出版社，2014 年，第 607 页。

才规律所决定的。思想政治理论课的授课对象是学生。除了一小部分研究生之外，绝大多数都是青少年。这些学生的世界观、人生观、价值观处于形成时期，这些学生的人生经历还相对比较简单，生理和心理的发育还未成熟。思想政治理论课要把自身的深刻道理和历史社会发展的宏大真理成功地传授给学生，所涉及内容比较抽象，而青少年学生的抽象力不够发达，因此讲好思政课，具有其先天的困难因素。在此背景下，思想政治理论课要紧密结合学生的实际，把大水漫灌和精准滴灌相结合，把学生的需求和学生的接受能力作为备课时要考虑的基本因素，积极探索学生喜闻乐见的方式，用学生能够听得进去、能够入脑入心的方式进行授课，让孩子们乐意参与到课堂中来，这里面，讲好道理，固然重要，而讲好故事，讲好包含所要阐释道理的故事，更为关键。早在 1990 年，习近平同志在谈到宣传工作时就指出："一是为群众所喜闻乐见，能表现思想性，不能为了形式而形式，流于形式；二是要有群众性，脱离了群众的形式，不利于调动大家的积极性；三是要少花钱，多办事，多讲经济效益，铜钱扔到水里也要有几个响声；四是要合乎大家的口味，不搞曲高和寡。"[1] 这为我们讲好思想政治理论课提供了重要的启示，那就是要让学生喜闻乐见，要调动大家的积极性，要合乎学生的口味，不搞曲高和寡。

思想政治理论课要想让学生喜闻乐见，要调动学生的积极性，合乎学生的口味，讲好中国故事，就是一个重要的途径。故事"在讲述者和受众之间，迅速建立一种情感上的联系，产生思想上的共鸣"；"没有一种抽象概念，比细节更有说服力；而

[1] 习近平：《摆脱贫困》，福建人民出版社，1992 年，第 18 页。

再多的叙事技巧，也不能比真情实感更能打动人心。”[1] 思想政治理论课讲好中国故事，让学生把线性的、平面的道理立体化，把干瘪的结论生动化，把制度的优势鲜活化，把抽象的数字情感化，把人民的生活具体化。通过讲好防疫抗疫故事，可以把中国共产党的“能”、新时代中国特色社会主义的“好”，转化为中国治国理政的“优”，呈现为中国人民的“福”，让同学们在中外对比中、在历史演化中理解把握人民的幸福之本在于党的领导、在于社会主义制度以及马克思主义的指导，深刻理解和把握习近平新时代中国特色社会主义思想作为 21 世纪的马克思主义、当代中国的马克思主义，作为中华文化和中国精神的时代精华，所具有的强大的指导力量和实践伟力。通过讲故事，实现讲道理，让故事里的人物讲道理，让故事里的人物带着感情讲道理，实现思想政治理论课教学中的道理故事化与用故事讲道理之间的融会贯通，浑然天成。

思想政治理论课讲好中国故事，不仅需要任课教师统筹安排，合理设计，准备精彩的故事，把故事讲得精彩，还要发动广大同学，邀请他们讲好自己身边的故事、自己家乡的故事、自己听到的故事、触动自己灵魂的故事，让他们讲身边的人、身边的事，讲自己的故事。同伴教育和自我教育是思想政治教育的重要载体和组成部分，往往可以发挥任课教师难以起到的作用。思想政治教育在很大程度上是一盏灯点亮另一盏灯，一个灵魂唤醒另一个灵魂。学生们的年龄、阅历、情感都具有更大的同质性，相互了解得更加深入精准，若发动他们之间进行相互教育、相互感染、相互激励的讲好故事活动，那么，思想

[1] 人民日报社评论部：《习近平讲故事》，人民出版社，2017 年，序言，第 2 页。

政治教育就达到了一盏灯点亮另一盏灯、一个灵魂唤醒另一个灵魂的效果。这将成为全面改善思想政治教育模式的重大突破。

二、思政课讲好中国故事有何必要

习近平总书记在2019年的学校思想政治理论课教师座谈会上指出："要注重启发式教育，引导学生发现问题、分析问题、思考问题，在不断启发中让学生水到渠成得出结论。这里面，会讲故事、讲好故事十分重要，思政课就要讲好中华民族的故事、中国共产党的故事、中华人民共和国的故事、中国特色社会主义的故事、改革开放的故事，特别是要讲好新时代的故事。讲故事，不仅老师讲，而且要组织学生自己讲。"❶ 思想政治理论课讲好中国故事的必要性应该从思想政治理论课的教学内容、授课对象及教学效果三个层面进行分析。

首先，思想政治理论课教学内容的特殊性需要讲好中国故事。思想政治理论课教学内容的思想性、理论性、专业性是这门课程的优势所在，也是这门课程需要讲好中国故事的依据所在。习近平总书记指出："要善于表达，深刻道理要通过讲故事来打动人、说服人。"❷ 思想理论性的教学内容，多为远离直观的抽象内容、远离生活的宏大叙事、远离感官的思辨结果。马克思主义唯物论"唯物地而且辩证地指出了认识的深化的运动，

---

❶ 习近平：《思政课是落实立德树人根本任务的关键课程》，人民出版社，2020年，第22－23页。

❷ 《"与党和人民同呼吸，与时代共进步"——习近平总书记主持召开党的新闻舆论工作座谈会并到人民日报社、新华社、中央电视台调研侧记》，《人民日报》，2016年2月21日第1版。

指出了社会的人在他们的生产和阶级斗争的复杂的、经常反复的实践中，由感性认识到论理认识的推移的运动。”[1] 思想政治理论课教学的过程逻辑则是把思想理论产生的逻辑重新展现出来，是一个用生产生活实践来论证总结彰显思想理论的产生过程和证明思想理论的正确性和指导作用的过程。“深刻道理要通过讲故事来打动人、说服人。”[2] 离开了鲜活的生产生活实践，离开了广大人民参与其中的社会生活，离开了社会生活中活生生的鲜活故事，思想政治理论课就只能是抽象的、悬空的、不接地气的、难以被接受的。

其次，思想政治理论课授课对象的特殊性需要讲好中国故事。思想政治理论课的授课对象是学生。充分发挥讲好中国故事的教学效果，是实现思想政治理论课教学效果提升、应对思想政治理论课授课对象特殊性的良好方式。应该承认的是，绝大多数思想政治理论课教学所面对的学生并非是以马克思主义理论和思想政治教育为专业的学生，他们虽然经过了长期的政治课程学习，但是相当多的学生所需要的往往不是相关理论的最前沿知识，不能把他们当作专业学生进行前沿知识的传授，思想政治理论课需要的是用这些学生能够听懂的方式、愿意学习的方式，把学生应该知道的理论通过讲好故事的方式进行不同程度的包装，从而不断提升思想政治理论课教学的针对性，提升学生学习的兴趣和接受程度。不同专业背景的学生对于同

---

[1] 中共中央文献研究室：《毛泽东选集》（第一卷），人民出版社，1991 年，第 286 页。

[2] 《“与党和人民同呼吸，与时代共进步”——习近平总书记主持召开党的新闻舆论工作座谈会并到人民日报社、新华社、中央电视台调研侧记》，《人民日报》，2016 年 2 月 21 日第 1 版。

一个故事，可以结合自己的知识水平和兴趣特点进行聆听、分析、学习、感悟，水到渠成地得出自己的结论。对这些结论的理解程度可能有差异，但所讲故事的正面性、所讲故事蕴含价值的积极性，都可以推动听课学生的思想进步和价值养成。即使在课后、在学生以后的人生历程中，随着学生对这些故事的回顾和感悟的加深，这些故事也会推动大学生的成长成才。

最后，提升思想政治理论课的教学效果需要讲好中国故事。“要组织各种精彩、精炼的故事载体，把中国道路、中国理论、中国制度、中国精神、中国力量寓于其中，使人想听爱听，听有所思，听有所得。”❶ 中国故事，特别是新时代的中国故事，是讲好中国道路、中国理论、中国制度、中国精神、中国力量的重要教学载体，是讲好思想政治理论课的重要途径。只有讲好中国故事，把中国故事与中国人物、中国理论、中国道路、中国制度、中国文化、中国智慧、中国方案、中国使命高度融合，实现它们之间的相互支撑、相互佐证，通过故事本身的演进演化，通过故事中人物形象的树立和影响，来引导学生探索中国理论、中国道路、中国制度、中国方案背后的中国文化、中国智慧和中国使命，来激励学生传承和弘扬这些故事背后体现的深情厚谊、高风亮节和奋斗激情，从而才能不断提高思想政治理论课的教学效果，才能把思想政治理论课讲得更彻底、更感人、更有效。

党的十八大之后，以习近平同志为核心的党中央高度重视思想政治理论课，不断为思想政治理论课的建设提供各种条件

---

❶ 中共中央文献研究室编：《习近平关于社会主义文化建设论述摘编》，中央文献出版社，2017 年，第 212 页。

和保障，我国思想政治理论课的教学效果也有了较大的提升和改进。但是毋庸讳言，很多思想政治理论课教学还远没有达到应有的水平，我国思想政治理论课教学的现状与党和国家的期待、与党和国家事业发展的要求、与广大学生的内心希望相比，还存在很大的差距。这无疑是由多方面原因造成的，但是对讲好中国故事在思想政治理论课中的重要地位和教学功能的理解不足，片面突出思想政治理论课的理论教育、学术导向，是其中的一个十分重要的原因。习近平总书记指出："我们现在有底气、也有必要讲好中国故事，这对激励广大干部群众继续沿着中国道路前进的信心和勇气、对加深国际社会对中国道路的认识至为重要。"❶ 思想政治理论课教学讲好中国故事，其最大的必要性在于能激发学生学习本课程的兴趣和内在动力，也就是具有习近平总书记所讲的"启发性"。习近平总书记指出：讲故事比讲道理更好。❷ 思想政治理论课讲好中国故事，"不要为了讲故事而讲故事，要把'道'贯通于故事之中，通过引人入胜的方式启人入'道'，通过循循善诱的方式让人悟'道'"❸。思想政治理论课所讲的故事应该是把道理贯穿其中、隐藏其中的故事，应该是引人入胜、启人入"道"的故事，应该是让人悟"道"的故事，讲故事的方式应该是循循善诱。在这一意义上，讲故事既要环环相扣，也要层层递进，更要激励学生不断探索

---

❶ 中共中央文献研究室编：《习近平关于社会主义文化建设论述摘编》，中央文献出版社，2017 年，第 119 页。

❷ 《"改革的集结号已经吹响"——习近平总书记同人大代表、政协委员共商国是纪实》，《人民日报》，2014 年 3 月 13 日第 1 版。

❸ 中共中央文献研究室编：《习近平关于社会主义文化建设论述摘编》，中央文献出版社，2017 年，第 213 页。

故事背后的事实真相和故事蕴含的深刻道理和深厚情感。

三、思政课讲好中国故事是否可行

习近平总书记指出："讲好中国故事，不仅中央的同志要讲，而且各级领导干部都要讲；不仅宣传部门要讲、媒体要讲，而且实际工作部门都要讲、各条战线都要讲。……要动员各方面一起做思想舆论工作，加强统筹协调，整合各类资源，推动内宣外宣一体发展，奏响交响乐、大合唱，把中国故事讲得愈来愈精彩，让中国声音愈来愈洪亮。"[1] 思想政治理论课作为宣传思想领域的重要阵地，不仅需要讲好中国故事，也能够讲好中国故事。习近平总书记指出："我们有本事做好中国的事情，还没有本事讲好中国的故事？我们应该有这个信心！"[2] 思想政治理论课讲好中国故事的可行性，在于有丰富的感人肺腑的中国故事、中国故事能够与思想政治理论课教学内容深入结合和思想政治理论课师生能够把这些故事讲好三个方面。

第一，我们拥有丰富的中国故事。习近平总书记在不同的场合，提到要讲好中国故事的话题并进行了丰富精彩的论述。

习近平总书记要求要讲好的这些故事，其中很多都是思想政治理论课可资利用的重要故事来源。思想政治理论课要结合中华民族五千多年的辉煌历史、近代以来中国人民反抗外来入

---

[1] 中共中央文献研究室：《习近平关于社会主义文化建设论述摘编》，中央文献出版社，2017 年，第 122－123 页。

[2] 中共中央文献研究室：《习近平关于社会主义文化建设论述摘编》，中央文献出版社，2017 年，第 121 页。

侵和本国反动势力的斗争、新中国七十多年的奋斗与成绩、改革开放四十多年来的辉煌历程、新时代中国特色社会主义的巨大成就，从中提炼出感人肺腑、激荡人心的故事，将马克思主义及其在中国的发展实践故事、中国共产党的发展奋斗和成就故事、社会主义及其在中国的发展演变和凯歌前行的故事，以及这些故事主角的信仰选择和培育的故事、奋斗奉献和牺牲的故事、开拓创新和成就的故事，作为阐释马克思主义为什么行、中国共产党为什么能、中国特色社会主义为什么好的鲜活证明，作为思想政治理论课教学可以借鉴的宝贵资源，为思想政治理论课讲好中国故事提供了丰富的材料。

第二，中国故事与思想政治理论课可以深入融合。“讲故事就是讲事实、讲形象、讲情感、讲道理，讲事实才能说服人，讲形象才能打动人，讲情感才能感染人，讲道理才能影响人。”❶思想政治理论课的教学内容需要中国故事进行展示阐释、深化细化。习近平总书记在2019年思想政治理论课教师座谈会上指出：在大中小学的不同学段，无论是通过讲故事、讲历史还是讲理论的方式讲思政课，都要体现思政课的政治引导功能。❷ 在这里，把讲故事和讲理论、讲历史放在了同等重要的地位，凸显了思想政治理论课讲故事的重要性。在这次讲话中，习近平总书记指出：“思政课就要讲好中华民族的故事、中国共产党的故事、中华人民共和国的故事、中国特色社会主义的故事、改

---

❶ 中共中央文献研究室：《习近平关于社会主义文化建设论述摘编》，中央文献出版社，2017年，第212页。

❷ 习近平：《思政课是落实立德树人根本任务的关键课程》，人民出版社，2020年，第18页。

革开放的故事，特别是要讲好新时代的故事。”[1] 明确指出了思想政治理论课要讲好的六大故事内容。

应该说，共产党人的信仰树立和培育践行故事，是信仰教育的坚实基石；社会主义的风雨如磐、凯歌前行故事，是制度教育、道路教育的重要基础；马克思主义的理论演变和实践证明故事是主义教育、理论教育的不竭源泉。新时代的理论创立和发展故事、习近平新时代中国特色社会主义思想的鲜活实践故事、新时代的理论实践中的奋斗奉献故事及其给广大人民带来的幸福生活故事，是证明新时代、新思想、新理论的科学性、实践性的重要论据，是用习近平新时代中国特色社会主义思想铸魂育人的重要环节，是习近平新时代中国特色社会主义思想入脑入心、善知善行的关键支撑。讲好大量的鲜活故事、身边故事，能够激发培育广大学生的情感、认同和信仰，能够更好地发挥思想政治理论课作为立德树人关键课程的关键作用，能够为新时代中国特色社会主义培育培养更多的有用人才，能够更好地服务于大学生的成长成才。

第三，思想政治理论课师生能够讲好中国故事。有故事是基础，能融合是条件，能讲好是关键。习近平总书记指出：“我们有本事做好中国的事情，还没有本事讲好中国的故事？我们应该有这个信心！”[2] 思想政治理论课依托的不仅是教材的理论逻辑、教材逻辑，还包括这些理论在现实中的鲜活实践，这些理论指导下的鲜活实践带来的中国苦难辉煌的过去、日新月异

---

[1] 习近平：《思政课是落实立德树人根本任务的关键课程》，人民出版社，2020 年，第 22 – 23 页。

[2] 中共中央文献研究室：《习近平关于社会主义文化建设论述摘编》，中央文献出版社，2017 年，第 208 – 209 页。

的现在和光明宏大的未来。鲜活的中国大地上每天演绎的生动故事，是对思想政治理论课教学内容的最好证明。习近平总书记指出："思政课不仅应该在课堂上讲，也应该在社会生活中来讲。这次总的背景是世界百年未有之大变局，'两个一百年'的历史交汇期，突如其来的疫情加剧了这两个方面给人们的影响。""'大思政课'我们要善用之，一定要跟现实结合起来。上思政课不能拿着文件宣读，没有生命、干巴巴的。"❶ 所谓大思政课，就是社会上发生的能够提升学生思想政治素质的各种鲜活的现实事件。"思想政治理论课往往是一门课程由几个教师来讲授，这些教师大多来自不同专业、不同学科，并且在长期的授课实践中，形成了各自的特色，积累了大量的故事和讲好中国故事的独特感受、独特方法。"❷ 思想政治理论课教师可以充分发挥多学科背景、多位教师上一门课、集体研讨备课的优势，与学工系统协同调研的优势，调动学生一起分享故事的优势，学校支持校领导参与授课的优势，新媒体时代更加便利地记录时代、反映时代的丰富资源的优势。在思想政治理论课教学实践中，截取、提取和萃取发生在自身的、身边的、热点的故事，充分利用信息爆炸时代的教学资源，把理论讲授、历史分析和故事分享相结合，把老师讲故事与学生讲故事相结合，把讲故事、评故事、析故事相结合，调动多领域、多方面、多环节的整体协调功能，发挥讲好中国故事的教育功能，把道理与故事相结合，把宏观历史与具体故事相结合，把社会演进与

---

❶ 《"'大思政课'我们要善用之"（微镜头·习近平总书记两会"下团组"·两会现场观察）》，《人民日报》，2021 年 3 月 7 日第 1 版。

❷ 姚洪越、朱建颖：《思想政治理论课讲好中国故事探析》，《北京教育（德育）》，2019 年第 3 期，第 53 页。

身边变化相结合，进一步提升教学效果，完成教学目标。

四、思政课讲好中国故事要处理好相关关系

思想政治理论课讲好中国故事，既是对习近平总书记关于“讲好中国故事”，“实际工作部门都要讲、各条战线都要讲”，“推动内宣外宣一体发展”，“把中国故事讲得愈来愈精彩”[1]的指示贯彻的要求，也是提升思想政治理论课教学效果的重要抓手。思想政治理论课讲好中国故事，需要处理好如下几个问题：

第一，讲故事与其他教学方式之间的关系问题。讲好中国故事是思想政治理论课教学吸收借鉴宣传思想工作、意识形态工作、对外宣传工作等领域经验形成的一种较为新颖的教学方式。这种方式与案例教学、叙事教学、材料论证、历史讲述、逻辑推演等教学方法存在程度和性质不同的联系，也存在着显著的区别。讲好中国故事，强调的是“中国故事”，强调的是“讲好”，强调的是故事中的人物、讲述者和听故事的人三者之间的“共情共景”，强调的是人物在事件中的情感、意志、矛盾、冲突，突出的是事件的“细节情节”，传递的是价值、信念和情感、道理。叙事教学法更多的是强调叙述者的客观中立公正，尽量排除叙述者的事先情感、立场、价值的介入。案例教学是论证道理的，强调更多的是案例的真实性、案例的发展与所讲述道理之间的一致性。材料论证法，不局限于一时一地的案例，可以把不同时空、不同条件下的材料放在一起讲述，以

[1] 中共中央文献研究室：《习近平关于社会主义文化建设论述摘编》，中央文献出版社，2017 年，第 211 页。

利于提升听者对道理和结论的接受程度。逻辑推演法，强调更多的是一事物（或现象）对另一事物（或现象）产生的主要的、决定性的、主导性的、支配性的乃至必然要引发的影响力。只有把讲好中国故事作为单独的、独特的教学方式来对待，充分考虑其特殊性和功能，才能推动思想政治理论课讲好中国故事，才能通过讲好中国故事来更好地推动思想政治理论课教学的改革创新。

第二，讲好中国故事与讲好中国理论、中国道路、中国制度、中华文化之间的关系。“要把‘道’贯通于故事之中，通过引人入胜的方式启人入‘道’，通过循循善诱的方式让人悟‘道’。”❶ 中国故事是在中国理论的指导下，在中国制度框架下，在中国道路发展进程中，在中国文化的浸润、涵养、培育下发生的。讲好中国故事要讲清楚故事背后蕴含的道理，讲清楚故事背后的道路基础，讲清楚故事发生的制度背景，讲清楚故事倡导的文化价值。通过讲好中国故事，发挥故事的启发教育功能，“引导学生发现问题、分析问题、思考问题，在不断启发中让学生水到渠成得出结论”❷，让同学们明白“马克思主义为什么行”“中国共产党为什么能”“中国特色社会主义为什么好”这三个根本问题，树立对马克思主义的指导地位、中国共产党的领导地位和中国特色社会主义的制度选择的信心，并以积极的心态、饱满的热忱投身到实现中华民族伟大复兴中国梦的伟大事业中，实现自己的精彩人生。

第三，讲好中国故事中的典型性与普遍性的关系。中国特

---

❶ 中共中央文献研究室：《习近平关于社会主义文化建设论述摘编》，中央文献出版社，2017 年，第 213 页。

❷ 习近平：《习近平谈治国理政》（第三卷），外文出版社，2020 年，第 331 页。

色社会主义进入新时代，展示了强大的生机和活力，思想政治理论课以弘扬主旋律为主，中国故事也要以正面为主、激励为主、成就为主、引导为主。新时代的中国特色社会主义仍然存在不少不尽如人意的地方，不少发展中的问题还很突出，社会发展中的不平衡不充分仍然大量存在。“生活中并非到处都是莺歌燕舞、花团锦簇，社会上还有许多不如人意之处、还存在一些丑恶现象。”❶ 思想政治理论课讲好中国故事，一定要处理好这些问题相关的故事，在不回避问题的基础上，讲清楚故事所反映问题的来龙去脉；讲清楚解决问题、书写美好故事的制度方略、政策举措、时间安排。讲好这些故事和问题，既要有理论逻辑上的有力周延，又要有情感上的温暖体贴，要入情入理、要可信可亲，“让人们看到美好、看到希望、看到梦想就在前方”❷。

第四，处理好不同类别的中国故事之间的关系。思想政治理论课讲好中国故事，要处理好天边的故事和身边的故事，别人的故事和讲授者自己的故事，前人的故事和今人的故事之间的关系。这些故事要真实可信，要具有地域和时间跨度上的广泛性。这些广泛性在体现道理的真实性、表现人物的丰富性、展现历程的艰巨性、显现成就的伟大性上要具有较强的说服力。思想政治理论教师要讲好中国故事，先要书写好中国故事。思想政治理论课教师除了在课堂上引导好中国故事的讲授讲解工作，还要在课堂之外，通过自己的言行举止书写自己的中国故事——当代思想政治理论课教师的故事，用身教支撑言传；同

---

❶ 习近平：《习近平谈治国理政》（第二卷），外文出版社，2017 年，第 319 页。

❷ 习近平：《习近平谈治国理政》（第二卷），外文出版社，2017 年，第 320 页。

时，还要带领引导学生通过学习实践活动，读万卷书，走万里路，切身观察感悟中国故事的历史痕迹、当下形态和书写过程，体察感悟中国故事中人物的鲜活情感、真实感受、生动情怀。只有把讲好故事与书写故事，把自身故事与他人故事，把过去的故事和当下的故事融会贯通，综合发挥讲好中国故事的功效功能，才能更好地服务于担当民族复兴大任的时代新人的培养，更好地服务于新时代中国特色社会主义建设事业，更好地服务于中华民族伟大复兴的中国梦。

第五，故事中人物表现与其人生故事之间的关系。正确处理把握故事中的人物、价值、历史之间的关系。思想政治理论课讲好中国故事，需要处理好人物在故事中的价值选择和行为表现与同一人物在故事之外的价值选择和行为表现之间的关系。思想政治理论课所讲故事中的人物涉及历史人物、著名人物，这些人物的一生往往经历丰富，他们的价值选择、行为表现及其历史影响在不同时期、不同事件上可能会有差异性，甚至会发生同一个人改变价值观、历史影响转向的情况。思想政治理论课讲好中国故事，所选择的故事及其中的人物，应该尽可能是那些不仅在故事中坚持了自己的价值和选择，而且也终其一生（特别是在其价值观形成之后的人生中）都基本上遵循了故事中的价值和选择的人。如果不是这样，故事讲述者就要进行必要的说明和引导，防止故事的聆听者在深入了解人物之后思想出现反复，降低思想政治理论课所讲故事的引导效果。

第六，故事倡导的价值与其他价值之间的关系。故事是通过情节来培育价值的。价值观选择的前提是不同价值观的同时存在，以及不同的价值观选择都会在思想或者物质利益方面带来收益。价值观选择的核心是选择者对所选择的价值及其践行后果在精神和物质、自我和社会等领域的排列组合的选择。因此，每一种价值观的选择，都是对某种践行后果的选择。思想政治理论课所讲故事的价值观引导，在很大程度上就是引导学生认可故事所体现的价值观及其践行后果。因此，故事的讲述者既要讲清楚故事中人物的价值选择，还要讲清楚对这种价值观及其践行后果选择的优势所在、道理所在。这种优势和道理，从个人层面而言，更多地强调信仰价值的高尚合理为个人（及其家庭、后人）在思想领域带来的自信、豪情、坦荡，以及浩气充盈、安然凛然和社会认可、受人敬重等效果；从社会层面而言，更多地强调对社会发展、人类进步、人民幸福的推动作用和对其他人的引导示范、鼓励指引作用。思想政治理论课讲好中国故事，要通过不同人物的选择及其结果的不同，来引导同学们做出正确的选择，推动自身发展和境界提升，推动社会发展。

第七，故事倡导的价值与故事的结果之间的关系。思想政治理论课讲好中国故事，引导学生做出正确的价值选择和政治选择，归根结底是要说明这种选择推动了历史的发展、社会的进步和人民的幸福。但是历史是复杂的，历史发展中充满反复，历史长河中充满曲折、回转、逆流、回流，故事中的人物选择从历史大河中看可能效果不大，或者故事中人物选择的进步作用很快就被另一个大的事件所抵消，甚至还可能出现历史的大倒退；更有甚者，故事中的选择可能由于组织决策的问题、上级传达的问题，乃至历史中常常出现的不可预料的偶然因素的存在，使得故事中人物正确的价值选择和行为选择（虽然充满激情豪情，虽然同样慷慨激昂），却没有出现期盼中的社会效果。除了在故事选择时进行严格把关之外，在故事讲述时也要对这种情况进行必要的说明和引导。

第二章　思政课讲好哪些中国故事

在2019年全国思政课教师座谈会上，习近平总书记指出：思想政治理论课“要注重启发式教育，引导学生发现问题、分析问题、思考问题，在不断启发中让学生水到渠成得出结论。这里面，会讲故事、讲好故事十分重要，思政课就要讲好中华民族的故事、中国共产党的故事、中华人民共和国的故事、中国特色社会主义的故事、改革开放的故事，特别是要讲好新时代的故事。讲故事，不仅老师讲，而且要组织学生自己讲。”[1] 讲好中国故事是思想政治理论课启发式教学的重要抓手。思想政治理论课讲好中国故事，可以从不同的角度、不同的层面、不同的立场、不同的领域进行多种故事的讲述。思想政治理论课所要讲好的中国故事，应该围绕思想政治理论课的政治引导功能，应该围绕立德树人的根本任务，应该

---

[1] 习近平：《思政课是落实立德树人根本任务的关键课程》，人民出版社，2020年，第22－23页。

围绕培育担当民族复兴大任的时代新人这一使命展开。具体而言，思想政治理论课要讲好中华民族的故事、中国共产党的故事、中华人民共和国的故事、中国特色社会主义的故事、改革开放的故事，重点是要讲好新时代的故事。这六类故事构成了思想政治理论课讲好中国故事的故事体系。这六大故事体系在时间跨度上长短不同，在内容展示领域上各有侧重，在道理规律的揭示阐释上焦点不同，需要思想政治理论课教师既要单独讲好每一类故事，又要统筹讲好各类故事；既要实现每一类故事的主题鲜明，又要做到各类故事之间相互回应、彼此论证、融会贯通、效果促进、水平提升。

一、思政课要讲好中华民族的故事

思想政治理论课要引导学生认同中华民族，具有民族认同、民族自豪感，愿意为中华民族的奋斗发展做出自己的贡献。中华人民共和国以中华民族立国，中华民族是中华人民共和国的国族，中华人民共和国是中华民族在新的历史阶段的国家载体。中华民族的文化基因、中华民族的精神追求、中华民族的历史发展，是思想政治理论课需要讲好的重要内容。通过讲好中华民族的故事，培育广大学生对中华民族精神、中华民族价值、中华民族身份的认同，激发广大学生对中华民族伟大复兴的中国梦的担当意识、职责意识、使命意识，进而使广大学生积极投身于中华民族的千秋伟业，在为中华民族的伟大复兴的奉献中实现自身的价值和幸福。

思想政治理论课讲好中华民族故事，重点要讲好中华民族的发展故事、中华民族的精神故事、中华民族的奋斗故事、中华民族的复兴故事、中华民族的世界故事等内容。

1. 讲好中华民族的发展演变故事

中华民族是以汉族为主体，包括生活在中国版图内的其他民族在内的所有民族的总和。中华民族的形成和发展，经过了部落征战时期，夏朝之后的诸夏与四周的交往融合期，秦汉时期的汉民族形成期，三国两晋南北朝的民族大融合期，隋唐时期中华气象形成，中华民族进入一个相对发达的时期。宋辽夏金元是汉民族与其他民族的深入融合期，明清的中华一统，成为中华民族孕育成熟的重要时期。近代以来，面对西方的入侵，中华民族进入自觉警醒期、加速构建期和发展壮大期。中华人民共和国成立以来是中华民族的新时期。中华民族的发展，经过中原汉民族与周边其他民族的形成和发展时期，汉民族和周边其他民族交流交融不断增强时期，近代以来中华民族命运共同体意识不断增强、中华民族不断巩固时期。中华民族经过五千多年的发展，如今已经成为包括中国境内 56 个小民族在内的统一的大民族。中华民族和作为其构成部分的 56 个民族之间的关系，从静态看是家庭成员和统一家庭的关系，从动态看是 56 个分支民族不断融合成一个更加团结凝聚的中华民族的过程。中华民族的形成和发展，从中华民族已经作为一个民族实体而言，是一个完成的过程；从中华民族还在进一步增强其凝聚力而言，是一个正在不断走向更高形态的民族的过程，是一个不断发展进步、走向更加团结统一的民族共同体的过程。

中华民族是中华人民共和国的立国基础，是由 56 个民族共同组成的民族大家庭，也是一个牢固的命运共同体。思想政治理论课讲好中华民族的发展演变故事，要用马克思主义及其中国化、时代化的民族形成发展理论为指导，以中华民族的悠久历史、浩瀚史料为依据，以中华民族共同意识的培育和增强为主线，特别是要结合思想政治理论课的课程内容，重点讲好近代以来中华民族的发展历程、重大事件对中华民族的发展影响等内容。思想政治理论课讲好中华民族的历史发展故事，要不断提升广大同学们的中华民族认同、爱我中华意识、命运与共的信念；要重视中华民族的历史整体性、完整性、系统性教育，让同学们认识中华民族在不同的历史时期，在不同地域的发展脉络和主要特征，让同学们认识中华民族的整体属性和丰富特性，不断提升了解中华民族、认同中华民族、热爱中华民族、巩固中华民族、建设中华民族的思想和意识、能力和水平。

2. 讲好中华民族的精神文化故事

中华民族具有独特的精神优势，这包括中华民族具有其独特的精神寄托，具有其独特的精神追求，具有其独特的精神状态。中华民族的精神，更加注重现世的人的生活、人际关系的道德和伦理，更加关注个人内心的道德自律和道德追求，更加注重集体生活的协调及人自身的力量。这些特征在与西方更加注重死后的生活、人神之间的关系、个体生活的权利等特征的比较中显得更加突出和可贵。这些支撑了中华民族的精神世界，也为中华民族历经艰辛发展壮大，长期保持世界第一大民族、强盛民族的地位和身份提供了坚实的精神支撑。值得指出的是，这种中华民族的精神，也是近代以来中华民族在其先进分子带领下，接受马克思主义并推动马克思主义中国化、时代化，实现中华民族的凤凰涅槃的重要文化基础。在中华民族的发展历程中，充满了各种各样的感人故事，这些故事是思政课建设的宝贵元素。

中华民族的精神文化博大深沉。其中，“中华优秀传统文化是中华民族的精神命脉，是涵养社会主义核心价值观的重要源泉，也是我们在世界文化激荡中站稳脚跟的坚实根基”❶。要提炼中华优秀传统文化中的精神要素，使之在新时代不断创新传承、创造发展。中华民族的精神文化“记载了中华民族自古以来在建设家园的奋斗中开展的精神活动、进行的理性思维、创造的文化成果，反映了中华民族的精神追求，是中华民族生生不息、发展壮大的重要滋养。中华文明，不仅对中国发展产生了深刻影响，而且对人类文明进步作出了重大贡献”❷。思想政治理论课讲好中华民族的精神文化故事就是要讲好中华优秀传统文化的主要特征、本质主线、价值追求，讲清楚“中华优秀传统文化讲仁爱、重民本、守诚信、崇正义、尚和合、求大同的时代价值”❸；讲清楚中华民族的精神文化在中华民族的形成发展中的地位和作用，讲清楚中华民族的精神文化对中国发展和人类文明进步的重大贡献。思想政治理论课讲好中华民族的精神文化故事，要把中华优秀传统文化、革命文化和社会主义先进文化整体考量，深入辨析中华文化、中华传统文化、中华现代文化、中华优秀文化、中华优秀传统文化、中华优秀现代文化、马克思主义基本原理、马克思主义中国化时代化成果等不同概念内涵之间的辩证关系、涵摄关系、大小关系等，坚定

---

❶ 中央文献研究室编：《习近平关于社会主义文化建设论述摘编》，中央文献出版社，2017 年，第 167 页。

❷ 习近平：《在纪念孔子诞辰 2565 周年国际学术研讨会暨国际儒学联合会第五届会员大会开幕会上的讲话》，人民出版社，2014 年，第 4 页。

❸ 习近平：《习近平谈治国理政》（第一卷），外文出版社，2018 年，第 164 页。

学生对中华文明、中华文化的热爱，推动中华优秀传统文化的创造性转化和创新性发展，推动中华现代文化的构建提升，推动马克思主义基本原理同中国实际和中华优秀传统文化相结合，不断增加学生对作为当代中国马克思主义、二十一世纪马克思主义、中华文化和中国精神的时代精华的习近平新时代中国特色社会主义思想的信任和信仰、了解和把握、学习和践行等各领域各方面的能力和水平，更好地推动学生的成长成才和事业发展。

3. 讲好中华民族的历史奋斗故事

在长达五千多年的发展中，中华民族从整体上不断从小到大，人口数量和覆盖范围不断发展，作为世界上的大民族、强民族长期屹立于世界的东方。在这个过程中，中华民族经历过各种各样的艰难险阻，但是，依靠自身团结的力量，依靠自身的不断奋斗，中华民族每一次都能够从困厄中重新崛起，并一次又一次地走向新生，走向强大。从最初的华夏先民与四周蛮夷的战斗，到春秋战国时期的诸国争霸，再到与北方游牧民族的长期征战和融合，直到魏晋南北朝、宋辽夏金元五代的民族冲突和交融，再到近代以来的西方入侵、日本侵华；五千年的气候变迁、地震危害、内部战争、外族入侵，使中华民族成为一个历经磨难而又屡屡奋起的民族，成为一个在风雨中不断发展壮大，在奋斗中不断走向成熟和现代的民族。作为世界上唯一拥有“百万年的人类史、一万年的文化史、五千多年的文明史”[1] 的伟大的不间断的民族，中华民族的奋斗历程，构成了人

---

[1] 习近平：《把中国文明历史研究引向深入，增强历史自觉坚定文化自信》，《人民日报》，2022 年 7 月 16 日第 1 版。

类奋斗史上的奇迹，是思想政治理论课可以深入发掘的资源宝库。

思想政治理论课讲好中华民族的历史奋斗故事，要“研究阐释中华文明起源所昭示的中华民族共同体发展路向和中华民族多元一体演进格局，研究阐释中华文明讲仁爱、重民本、守诚信、崇正义、尚和合、求大同的精神特质和发展形态，阐明中国道路的深厚文化底蕴”[1]。要紧紧围绕中华民族历史上的重要节点，重点发掘中华民族历史奋斗故事的当下意义和人生价值，讲清楚中华先民披荆斩棘、筚路蓝缕的开拓开发中华故土的故事，讲清楚中华民族战胜洪旱灾害、瘟病疫情的繁衍生息的故事，讲清楚中华民族整合发展、融合互助不断获得发展动力的故事，讲清楚中华民族团结御侮、奋起救国的救亡图存、发展壮大的故事，讲清楚中华民族为民造福、文明晋升和不断进步的故事。思想政治理论课讲好中华民族的历史奋斗故事，要充分使用纵横对比的方法，比较中华民族的历史奋斗故事与同时期世界其他主要民族的历史发展在性质方向、实践效果、地位影响等领域的异同，比较中华民族在不同历史时期奋斗故事之间的一脉相承和各有特点，从而在比较鉴别中深入发掘这些不同故事背后的理论启示和规律表现，系统总结中华民族历史奋斗故事体现的精神内涵、价值取向、实践路径、综合效果、地位影响等内容，引导学生更好地认识中华民族、把握中华历史、提升中华意识、推动中华富强。思想政治理论课讲好中华民族的历史奋斗故事要激扬同学们的奋斗热情、激发同学们的

[1] 习近平：《把中国文明历史研究引向深入，增强历史自觉坚定文化自信》，《人民日报》，2022年7月16日第1版。

奋斗品质，提升同学们对奋斗意义的认识和认知，不断增强同学们敢于奋斗、勇于奋斗、善于奋斗、团结奋斗、持续奋斗、高效奋斗的能力、水平、体验和感悟，从而更好地激励同学们在新时代踔厉奋发、团结奋斗，用全面建成社会主义现代化强国的信念照亮自己的璀璨人生。

4. 讲好中华民族的伟大复兴故事

中华民族曾经创造了长期领先世界的辉煌，中华民族在近代陷入了任人宰割的处境，“国家蒙辱、人民蒙难、文明蒙尘，中华民族遭受了前所未有的劫难”❶。一百多年来，“中国共产党团结带领中国人民进行的一切奋斗、一切牺牲、一切创造，归结起来就是一个主题：实现中华民族伟大复兴”❷。在经过长期的抗争和探索之后，中华民族选择了中国共产党的领导，选择了马克思主义及其中国化时代化成果的指导，选择了社会主义并探索出中国特色社会主义道路，从而逐步实现了从站起来、富起来到强起来的伟大飞跃。只有创造过辉煌的民族，才懂得复兴的意义；只有历经过苦难的民族，才对复兴有深切的渴望。❸ 中华民族在近代以来的伟大复兴，走过了波澜壮阔的奋斗历程，充满了感天动地的动人故事，充满了披荆斩棘的开拓故事，充满了影响深远的关键故事。中华民族的复兴故事，是中华民族近现代丰富历史的精华所在、精神展现、情感聚焦、价值体现。思想政治理论课讲好中华民族的复兴故事，对于讲好

---

❶ 习近平：《习近平谈治国理政》（第四卷），外文出版社，2022 年，第 4 页。

❷ 习近平：《习近平谈治国理政》（第四卷），外文出版社，2022 年，第 4 页。

❸ 中共中央宣传部：《习近平新时代中国特色社会主义思想三十讲》，学习出版社，2018 年，第 32 页。

思政课，更好地引导大学生热爱中华民族，树立做中国人的骨气和底气具有十分重要的作用。

思想政治理论课讲好中华民族的伟大复兴故事，就是用故事解释其中的家国情怀、社会理论、发展道路，就是用故事阐释中华民族的伟大精神和不屈斗志，就是用故事来激励学生对伟大复兴的信心和决心，就是用故事指出伟大复兴的方向和规律，让同学们立足复兴的伟大事业，投身复兴的历史潮流，推动复兴的更好实现，见证复兴的璀璨辉煌。中华民族的伟大复兴，是中华民族发展史和人类发展史上的鸿篇巨制、精彩传奇。思想政治理论课讲好中华民族的伟大复兴故事，要引导学生把民族复兴作为自己的使命和光荣，提升本领、建设国家、推动复兴、成就自我，要让学生在中华民族的宏大历史视野中、在恢弘人类伟业中找到自己的位置坐标，明确自己的使命担当，做出自己的应有贡献，实现自己的人生幸福。

5. 讲好中华民族的人类进步故事

中华民族是一个开放的民族，也是一个热爱交流的民族。从远古时代开始，中华先民就和周边世界保持着密切的联系和交往。张骞出使西域，法显求法、玄奘取经、丘处机西行、鉴真东渡，都谱写了他们所处时代的中华民族世界故事。中华民族还是一个爱好和平的民族。“有着五千多年历史的中华文明，始终崇尚和平，和平、和睦、和谐的追求深深植根于中华民族的精神世界之中，深深溶化在中国人民的血脉之中。”[1]“爱好和平的思想深深嵌入了中华民族的精神世界，今天依然是中国处

[1] 习近平：《习近平谈治国理政》（第一卷），外文出版社，2018年，第265页。

理国际关系的基本理念。”[1] 中华民族的开放开拓、中华民族的和平交流、中华民族的积极奋斗，其结果就是中华民族用自己的力量不断实现着自身的发展和推动着人类的进步，成为世界文明进步、人类发展提升的重要贡献者。

近代以来，作为帝国主义世界的一个半殖民地，作为世界反抗民族压迫的重要力量，作为世界社会主义运动的东方代表，中华民族一方面被裹挟进西方资本主义主导的世界，国家蒙辱、人民蒙难、文明蒙尘，历经千辛万苦；另一方面，中华民族在困厄中不断抗争、不断探索、不断奋斗，在成为世界反法西斯战争的东方主战场和世界社会主义国家的重要力量等过程中对世界产生了深远的积极影响。新中国成立后，从帮助周边国家开始，中华民族在发挥自身的力量均衡作用的同时，不断地给世界其他民族的独立和发展提供各种支持，推动了世界的进步。中华民族的人类进步故事，是认识、把握和认同中华民族的重要方面，是提升中华民族的自尊自信、了解中华民族世界地位和世界贡献的重要方面。

思想政治理论课讲好中华民族的人类进步故事，就是要讲清楚中华民族的进步贡献，帮助同学们客观认识中华民族的丰功伟绩和历史功勋，不断提升对中华民族的自信和自豪；就是要讲清楚中华民族推动人类进步的内在动力，不断提升同学们对中华民族的品质特质的认识，增强同学们立足中华民族，用发展推动世界进步的信心和水平；就是要讲清楚中华民族作为人类文明的重要支撑和当下希望所在，在引领和促进人类文明

[1] 习近平：《在纪念孔子诞辰 2565 周年国际学术研讨会暨国际儒学联合会第五届会员大会开幕会上的讲话》，人民出版社，2014 年，第 3 页。

新形态中不断实现自身的迭代升级、华丽转身，用中华文明引领世界进步，在世界进步中推动中华文明更加辉煌、不断提升。思想政治理论课讲好中华民族的人类进步故事，还要引导学生培育世界视野、全球思维和战略定力，从世界历史的发展中、人类文明的演化进步中、人民幸福的普及提升中看待中华民族的价值目标和责任使命，看待自身的学习工作、人生发展，从而早立鸿鹄志、完成大使命。

二、思政课要讲好中国共产党的故事[1]

思想政治理论课讲好中国共产党的故事，需要重点讲好中国共产党的信仰故事、发展故事、奋斗故事、为民故事和世界故事，为广大学生展现丰富立体、有血有肉、有情有义、善作善成的中国共产党的客观真实感人形象。

1. 讲好中国共产党的坚定信仰故事

对马克思主义的信仰，就是对真理的追求，就是对人民幸福的追求，就是对美好未来生活的追求。中国共产党的辉煌历史创造的不竭源泉在于其对马克思主义“虔诚而执着、至信而深厚”[2]，“对马克思主义的信仰，对社会主义和共产主义的信念，是共产党人的政治灵魂，是共产党人经受住任何考验的精神支柱”[3]。“无论是处于顺境还是逆境，我们党从未动摇对马克

---

[1] 张德玉、姚洪越：《思想政治理论课讲好中国故事探析》《思想教育研究》，2020 年第 6 期，第 87－91 页。

[2] 习近平：《习近平谈治国理政》（第二卷），外文出版社，2017 年，第 142 页。

[3] 习近平：《习近平谈治国理政》（第一卷），外文出版社，2018 年，第 15 页。

思主义的信仰”[1]。中国共产党人在马克思主义指导下，在为人民创造美好生活的奋斗中，展现了信仰的无穷力量。这些故事包括毛泽东、朱德、周恩来等老一辈无产阶级革命家树立信仰和追求信仰的故事；包括各条战线普通党员坚守信仰的故事；包括战争年代革命者为了信仰而献身的故事，包括和平时期共产党员扎根基层践行信仰的故事。电视剧《潜伏》，以我敌后情报人员故事为原型塑造的感人故事获得了巨大的成功，展示了信仰故事的巨大魅力和教育价值，为我们提供了讲好中国共产党的信仰故事的信心和借鉴。

思想政治理论课讲好中国共产党的坚定信仰故事，要对马克思主义政党的使命担当、理论基础进行深度剖析、层层推演，指出中国共产党坚定信仰的内在源泉和深厚基础；要对中华民族的优秀传统文化、主流价值选择进行历史说明、实例论证，指出中国共产党坚定信仰的文化底蕴和历史依据；要对中国共产党领导中国人民进行的开天辟地、改天换地、翻天覆地、惊天动地的历史伟业进行实践论证、效果说明，帮助同学们对信仰的价值地位作用，对中国共产党所尊崇的高尚伟大有一个生动鲜活、感人至深、铭记终生的认知和感佩，激发学生树立投身党的事业的宏图大志，坚定信仰，坚定追求，从而使党的事业发展后继有人，为学生的人生信仰奠定坚实的根基，为学生的人生发展提供不竭的动力。

2. 讲好中国共产党的发展壮大故事

中国共产党的一百多年发展进程充满了数量众多、感人肺

[1] 习近平：《习近平谈治国理政》（第二卷），外文出版社，2017 年，第 33 页。

腑的故事。讲清楚中国共产党的发展壮大故事，需要掌握在历史发展的重大关头、转折时期、演进节点上，中国共产党的领袖、干部、党员和党的集体如何带领人民创造历史、改变命运的故事；需要把握中国共产党如何在民族危亡时期、社会主义建设时期、改革开放时期、中国特色社会主义新时代不断奋斗、开辟新局面的故事。从一大的石库门故事和红船故事到北伐故事，从南昌故事到长征故事，从平型关大捷故事到百团大战故事，从重庆谈判故事到新政协故事，从社会主义改造故事到深圳故事，从“入世”故事到新时代故事，这些故事串起来的是党的探索与苦难、奋斗与辉煌，体现的是党的中华民族主心骨本质和领导者地位，证明的是中国共产党“深刻改变了近代以后中华民族发展的方向和进程，深刻改变了中国人民和中华民族的前途和命运，深刻改变了世界发展的趋势和格局”。“为中华民族作出了伟大历史贡献。”[1] 今天的中国共产党作为世界最大的政党和在世界人口大国执政的政党，成为中国发展的中流砥柱，成为世界和平发展、稳定进步的坚强柱石，成为世界上举足轻重、发挥着重要影响力的政党。

思想政治理论课讲好中国共产党的发展壮大故事，对于同学们了解党的历史发展，把握中国共产党的发展和建设规律，更好地在同学们心目中树立中国共产党的客观、公正、全面，伟岸、奋进、崇高的形象具有不可替代的巨大作用；对于同学们了解百年中国的发展历程，把握中国发展的关键节点和重大事件，更好地增加对中国共产党的历史作用和贡献的认识及对

[1] 习近平：《在庆祝中国共产党成立 95 周年大会上的讲话》，人民出版社，2016 年，第 2 页。

其背后道理的把握，具有难以估量的巨大价值；对于同学们规划和把握自己的人生道路、价值选择、奋斗方向以及提升同学们在交友共事、组建团队、敬业乐群、开拓事业等方面的能力都具有巨大的示范和推动作用。思想政治理论课讲好中国共产党的发展壮大故事，要紧密结合当下中国发展和未来中国图景，紧密结合学生的专业背景和兴趣爱好，讲清楚中国共产党的发展壮大与学生所学专业的培育建设、学生未来职业的提升发展、学生选择产业事业的升级发展之间的相互关系，让学生在中国共产党的发展壮大故事中看到自己的当下和未来，能够更好地把握和创造今后的幸福和璀璨生活。

3. 讲好中国共产党的踔厉奋发故事

成就是奋斗出来的。毛泽东指出："中国的青年运动有很好的革命传统，这个传统就是'永久奋斗'。我们共产党是继承这个传统的，现在传下来了，以后更要继续传下去。"[1] 中国共产党自成立之日起，就为了民族的复兴、国家的富强、人民的幸福而不断奋斗。"我们党在不同历史时期，总是根据人民意愿和事业发展需要，提出富有感召力的奋斗目标，团结带领人民为之奋斗。"[2] 中国共产党是世界上最有奋斗精神的政党，中国共产党的奋斗故事、中国共产党组织的奋斗故事、中国共产党人的奋斗故事，组成了中国近现代奋斗史上最为感人肺腑、催人泪下、卓有成效的故事。为了推进革命、为了取得胜利、为了战胜敌人、为了进行建设，中国共产党人不畏艰险、不怕牺牲，

---

[1] 《毛泽东文集》（第二卷），人民出版社，1993 年，第 190 页。
[2] 习近平：《习近平谈治国理政》（第一卷），外文出版社，2018 年，第 12 页。

努力奋斗、前仆后继。朱德的扁担、八角楼上的灯火、陈树湘的战斗、腊子口的冲锋、平型关的杀敌，是革命时期的奋斗故事；铁人的奋不顾身、西迁的漫漫长途、马兰人的核弹创举、兰考的治沙泡桐、雷锋的无私奉献是社会主义建设时期的奋斗故事；深圳的速度、高铁的长度、“悟空”的高度、“天眼”的广度、“蛟龙”的深度是新时期新时代的奋斗故事。这些故事都是一种精神的体现，都是一种情怀的表达，都是一种信仰的坚守，都是伟大成就的源泉。中国共产党的踔厉奋发，中国共产党的艰苦奋斗，成为感天动地的人类奋斗史上的精彩传奇，成为中华民族和人类进步的重要支撑，成为今天我们奋斗不息、创造人间奇迹和人类伟业的重要动力。

思想政治理论课讲好中国共产党的踔厉奋发故事，要讲清楚这些故事中蕴含的惊天地泣鬼神的凌云壮志、冲天豪情，要讲鲜活这些故事中人物的音容笑貌、感人场景，要讲生动这些故事中侠骨柔情、铁血担当，要让故事中的人物形象、事件发展、精彩环节成为感动学生、打动学生、进入学生内心深处、烙在学生脑海底层的难忘记忆、生动画面，进而成为学生学习效法、赶超提升、接续奋斗的重要动力和支撑。思想政治理论课讲好中国共产党的踔厉奋发故事，要把主体讲授和影视资料、课堂讲授与实践教学紧密结合起来，营造更加浓郁的现场感觉，更加逼真的情景再现，更加真实的人物对白，并通过后人回忆、同事讲述等方式提升故事的感染力和影响力，提升故事的效果效能，更好地发挥相应的思想政治理论教育价值。

4. 讲好中国共产党的初心使命故事

中国共产党的初心是为人民谋幸福、为民族谋复兴，中国共产党的使命是实现中华民族伟大复兴的中国梦、实现社会主义现代化、实现共产主义。中国共产党的宗旨是全心全意为人民服务。“始终同人民在一起，为人民利益而奋斗，是马克思主义政党同其他政党的根本区别。”[1] 中国共产党把为民办事、为民造福作为最重要的政绩。[2] 毛泽东指出，我们“一定要不断地工作，我们也会感动上帝的。这个上帝不是别人，就是全中国的人民大众”[3]。把人民当作上帝，坚持人民立场，走群众路线，为人民谋幸福，是中国共产党的初心使命，是中国共产党的力量源泉。对人民用情，是中国共产党的本质要求。“情为民所系”才能“利为民所谋”，才能得到人民的衷心拥护和大力支持。从高呼农民运动不是“糟得很”而是“好得很”的大革命时期，到一条被子也要剪下一半给老百姓的土地革命时期，再到宁可睡在大街上也不打扰老百姓的解放战争时期，到处都可以看到中国共产党人、中国共产党领导的队伍对人民的感人情谊。从为了六十一个阶级兄弟，到送瘟神之后的即兴诗篇，再到西藏人民眼中的菩萨兵，都展现了新生的人民政权的人民属性和中国共产党人对人民的浓厚情感。在中国特色社会主义新时代，“人民对美好生活的向往，就是我们的奋斗目标”[4]。中国共产党人在实现“两个一百年”奋斗目标的进程中，在脱贫攻坚中，在反腐倡廉中，在实现白云蓝天、人民欢颜中，践行着对人民的诺言，展现着对人民的深情，这份深情打动并发动了

---

❶ 习近平：《在马克思诞辰200周年纪念大会上的讲话》，人民出版社，2018年，第23页。

❷ 习近平：《习近平谈治国理政》（第四卷），外文出版社，2022年，第55页。

❸ 《毛泽东选集》（第三卷），人民出版社，1991年，第1102页。

❹ 习近平：《习近平谈治国理政》（第一卷），外文出版社，2018年，第4页。

广大人民，他们团结在党的周围，为实现自己的幸福生活一起奋斗。中国共产党的初心使命，来自马克思主义政党、无产阶级政党的阶级性质，来自中华民族天下为公、为民奋斗的历史传统，具有深厚的理论渊源、文化底蕴和历史根基，得到了广大人民的认可和拥护，得到了一代又一代共产党人的信奉和践行，成为中国共产党创造所有人间美好的强大动力和不竭源泉。

思想政治理论课讲好中国共产党的初心使命故事，要结合民众当时当下的迫切需求和渴望，结合当时当下的艰苦条件和巨大困难，结合中国共产党为了实现初心使命而付出的巨大代价和感人言行。思想政治理论课讲好中国共产党的初心使命故事，要把党在不同时期的此类故事连起来讲、串起来讲，形成一个连续而不间断的初心使命故事链条，让大家明白初心使命一直都在、始终都在、各地都在，存在于每一个重大领域、每一个重大奋斗中，存在于历史深处，也存在于当下身边；存在于战斗前线，也存在于工作日常。思想政治理论课讲好中国共产党的初心使命故事，既要讲好久远的好故事、天边的好故事，也要讲好当下的新故事、身边的新故事。通过思想政治理论课讲好中国共产党的初心使命故事，让同学们看到初心使命的气势磅礴、感天动地，让同学们看到初心使命的点点滴滴、平常信息，让同学们感受到初心使命随时随地都要体现，每时每刻都能践行，进而从自我做起，从身边做起，从小事做起，不断把党员的初心使命践行在生活日常，落实在学习工作。

5. 讲好中国共产党的世界影响故事

中国共产党的历史，是带领中国人民反对国内外压迫，走出一条中国特色的革命改革发展道路的历史，也是中国不断融入、支持世界进步事业，为世界无产阶级和劳动人民的解放进步事业，为世界上被压迫的民族和人民的独立自由，为建立更美好的世界不断奋斗、持续努力奉献的历史。从对同属殖民地半殖民地国家民族民主运动的声援和支持，到为越南、朝鲜等周边邻国提供干部培训、人员培养；从抗美援朝、抗美援越到援建坦赞铁路、支持拉美人民反对美国干涉；从倡导和平共处五项原则到推动世界政治经济新秩序的建立，再到“一带一路”的倡议、“人类命运共同体”的构建，中国共产党人在使中国人民站起来、富起来和强起来的同时，不断演绎着丰富多彩、真诚奉献的世界故事。进入新时代以来，中国发展与世界进步之间的关系更加紧密，中国和外国之间的交流更加频繁，更多的动人故事、感人故事、友谊故事、爱情故事和奋斗故事把中国和世界紧紧联系在了一起。讲好这些故事，是立体展示世界中的中国共产党的重要内容，是全方位把握中国共产党的初心使命、博大胸怀的必备技能。[1] 作为马克思主义政党，国际视野、世界使命是中国共产党的内在基因；作为中华优秀传统文化的继承者和弘扬者，追求天下为公、世界大同是中国共产党的永恒使命。在世界的风云变幻中坚守初心、践行使命、确定目标、制定策略、团结朋友、推进发展、实现进步，是中国共产党人的神圣职责，也是中国共产党的伟大使命，更是中国共产党的历史担当和时代光荣。

思想政治理论课讲好中国共产党的世界影响故事，要结合马克思主义理论的内在要求和中华文化的内在特质，要结合中

---

[1] 张德玉，姚洪越：《思想政治理论课讲好中国共产党故事探析》，《思想教育研究》，2020 年第 6 期，第 90 页。

国的具体国情和发展需要，要结合世界的格局变迁和时代的发展演变，给学生一个整体全面的世界发展演变图景，并从中发现中国共产党的理想信念、言行主张、倡议部署、政策实施对世界的引领改变、历史作用和发展贡献；要结合世界反对战争与争取和平、反对剥削与争取公平、反对霸权与捍卫主权，反对强权、追求民主的世界主要实例来讲清楚中国共产党的合理主张和具体落实及其现实效果；要结合中国在不同的历史时期的世界形势和主要力量对比来分析中国共产党对制衡平衡、推动进步、提升公正、促进发展、维护和平的主要贡献。思想政治理论课讲好中国共产党的世界影响故事，要紧密结合学生所熟知、感兴趣、都关注的国际时事，结合中国在世界上的地位变化和中华民族的复兴进程进行深入讲解，只有和学生的兴奋点相契合，与学生的知识点能同频，与学生的价值观齐振动，才能更好地激发学生了解故事、把握规律、提升认识、增强能力的教学教育效果，不断增强教学的立德树人功效。

三、思政课要讲好中华人民共和国的故事

中华人民共和国是五千年中华文明的当今国家政权支撑，是中国一百八十多年来从沉沦走向复兴的重要成果和保障。中华人民共和国作为中国的国家名号、作为当今中国政权的重要代表、作为中华文明的重要载体，经历了七十多年的发展历程，取得了举世瞩目的辉煌成就，展示了中华民族、中华文明和中国人民的美好前景，成为世界文明的重要支撑力量。思想政治理论课讲好中华人民共和国的故事，必须讲好中华人民共和国历史延续的故事、中华人民共和国建设发展的故事、中华人民

共和国造福民众的故事、中华人民共和国世界贡献的故事。

1. 讲好中华人民共和国历史延续的故事

中华人民共和国是当下中国国号的全称，当下中国是历史中国的合法继承和延续。中华人民共和国继承了中华五千年的发展成果，是历史上中国文明版图的当下形态。中华人民共和国是1840年鸦片战争以来中华民族不断抗击外敌入侵和内部压迫，不断进行国家民族出路和伟大复兴出路的探索和奋斗的重大成就。必须指出的是，在中国共产党的领导下，中国人民进行了28年的浴血奋战，打败了当时国内外的敌人，于1949年建立中华人民共和国，为中国的发展进步奠定了坚实的历史社会条件。在中华人民共和国成立后，党带领人民经过了社会主义革命和社会主义建设、改革开放、中国特色社会主义新时代三个历史时期，历经曲折和发展，取得了巨大的发展成就，使中华民族的伟大复兴进入了不可逆转的发展时期。思想政治理论课讲好中华人民共和国历史延续的故事，就要把中华人民共和国历史延续的重要关键人物、重要历史节点、重大历史事件作为故事选择的聚焦点，发掘背后的历史故事、展示人物的理想信念和品格信仰、领悟故事蕴含的道理规律，让同学们在聆听故事的过程中感受、感悟、感动，提升其思想政治水平。

思想政治理论课讲好中华人民共和国历史延续的故事，就是要讲清楚中华人民共和国建立之前的五千年中国国家的演进发展，就是要讲清楚中华人民共和国成立的时代背景和具体状况，就是要讲清楚中国人民政治协商会议的筹备故事、议程故事和成立中华人民共和国的故事，就是要讲清楚中华人民共和国的经济恢复故事、抗美援朝故事、社会主义改造故事；就是要讲清楚中华人民共和国的工业建设故事、国防发展故事、文化进步故事；就是要讲清楚中华人民共和国的“文革”动乱故事、改革开放故事、加入世贸故事、新时代故事，等等。思想政治理论课讲好中华人民共和国历史延续的故事，要让同学们了解中华人民共和国的历史进程、发展大势、演进变化，正确认识中华人民共和国历史渊源、过去演进，正确认识中华人民共和国的历史决策、实践效果，深刻明了中华人民共和国的持续奋斗、前人成就，从而知国情、建强国、做奉献，不断提升自身的思想政治素质和水平。

2. 讲好中华人民共和国建设发展的故事

中华人民共和国七十多年的建设发展，是中国历史发展中的精彩传奇，一个世界人口最多的国家，在七十多年的跌宕发展中，建立了强大的工业体系和国民经济体系，极大地改善了人民的生活，极大地提升了国家综合国力，极大地推动了中国的现代化进程，开启了中华民族全面走向复兴的伟大征程。中华人民共和国的发展，是党和国家领导集体战略智慧和高超治国能力的体现，是中国人民不懈奋斗、继往开来的伟大奉献，更是中国充分把握历史机遇和国际有利条件，适时调整国家战略和政策，不断推动各行各业跨越发展的证明。中华人民共和国的建设发展是中国共产党伟大领导力的证明和验证，是中国人民在党的领导下爆发出来的民族伟力的现实成就，是人类发展进步的辉煌篇章。

思想政治理论课讲好中华人民共和国建设发展的故事，就是要讲好中华人民共和国的建设故事、教育发展故事、文化繁荣故事、社会进步故事、政治民主故事、医疗卫生故事；就是要讲好中华人民共和国的“两弹一星”故事、三线建设故事、特区建设故事、浦东开发故事；就是要讲好铁人故事、雷锋故事、向秀丽故事、王杰故事。思想政治理论课讲好中华人民共和国建设发展的故事，要把中华人民共和国的制度、道路、理论和文化作为一个有机整体进行综合讲述，要把中华人民共和国的发展成就和中华人民共和国成立之前的沉沦苦难相对比，和世界上其他国家的发展状况相对比，从中发掘伟大成就的来之不易，从中感悟世界局势的波诡云谲，从中体会中华人民共和国发展的艰难曲折和辉煌自豪。思想政治理论课讲好中华人民共和国建设发展的故事，要进一步讲深讲透中华人民共和国建设发展的国际机遇挑战和外部局势演变，讲深讲透中华人民共和国建设发展的规划部署，讲深讲透中华人民共和国建设发展的项目依托、产业发展和行业进步，讲深讲透中华人民共和国建设发展的道理规律、经验教训。从而让学生不仅了解故事，更能把握道理、掌握规律、获得启迪，进而提升学生奉献中国特色社会主义新时代，推进全面建设社会主义现代化国家新征程的能力和水平。

3. 讲好中华人民共和国造福民众的故事

中华人民共和国的成立，为中国人民的幸福生活奠定了坚实的基础。中华人民共和国七十多年的历史，是中国人民生产发展、生活改善、生态趋好的七十多年；是中国人民实现从站起来到富起来再到强起来的七十多年；是中国人民在殖民地半殖民地的基础上，逐步打下强大的经济基础、全面建成小康社会和不断向现代化国家迈进的七十多年；是中国人民从解决安全不挨打、解决温饱不冻饿、实现小康心安稳、走向富裕乐陶陶的七十多年。中华人民共和国造福民众的故事，有其社会历史条件不断完善发展的内容，有其制度基础提供坚强保障的支撑，有其发展规划和具体计划部署的科学指引，有其精心组织、竭力奉献的良好践行，有其抓住机遇、排除干扰、造势乘势、奋力发展的英明决策，有其统筹综合、科学发展的坚定推进，所有这些，最终都转化为人民的幸福安康、美满笑容。

思想政治理论课讲好中华人民共和国造福民众的故事，就是要讲好中华人民共和国戒毒扫黄的故事、土地改革的故事、兴修水利的故事、开垦荒地的故事；就是要讲好龙须沟的故事、红旗渠的故事、消灭血吸虫病的故事、小岗故事；就是要讲好抗洪抢险故事、农业税改故事、全面脱贫攻坚故事、疫情防控故事；就是要讲好热线电话故事、海外撤侨故事、扫黑除恶故事、志愿服务故事等。今天的中华人民共和国，在实现了全面脱贫攻坚的基础上，在实现共同富裕的征程中，正在向社会主义现代化强国目标阔步前进，人民的幸福指数得到了空前的提升，人们的生活幸福感达到了中国历史的新高度。思想政治理论课讲好中华人民共和国造福民众的故事，要紧紧抓住中华人民共和国为了人民、深入人民、了解人民、组织人民、发动人民的各种故事，以此作为逻辑脉络进行深入讲解，要把中华人民共和国具有渴盼人民幸福的国家性质，通过建立工业体系和国民经济体系并不断提升其水平的制度保障，构建人民共享发展成果的体制机制，将不断提升人民的幸福水平、不断扩展人们的幸福内涵的美好愿景等作为一个有机统一的体系进行生动讲解；要把中华人民共和国造福人民及其现实成效的不断提升与旧中国人民生活得水深火热、颠沛流离、妻离子散的情形，与世界上相类似国家的人民的真实生活情景及其发展演进进行对比讲解，从而加深学生们对中华人民共和国造福民众的故事的理解和感悟。

4. 讲好中华人民共和国世界贡献的故事

中华人民共和国的成立和发展，在深刻改变了中华民族和中国人民发展历程和方向的同时，也为世界的发展进步做出了举世瞩目的贡献。中华人民共和国的成立，使中国从一个被其他国家竞相划分势力范围、积贫积弱的国家变成了独立统一的国家，在很大程度上打破了雅尔塔体系在东亚的布局，结束了帝国主义国家在中国进行殖民掠夺、对中国人民进行侵略压迫的历史，也引起了世界大国在亚洲地区的布局调整和世界格局的积极演变。中华人民共和国的发展和对国际事务的参与，极大地推动了世界各国，首先是亚洲相邻区域的和平与发展。不论是中华人民共和国在世界各主要力量之间的纵横捭阖，还是中华人民共和国积极参与世界的经济循环和经贸往来，抑或是中华人民共和国对世界事务的建言发声、治理管理，都极大地推动了世界的稳定与和平、繁荣与发展、民主与正义。中华人民共和国作为世界和平的建设者、全球发展的贡献者、国际秩序的维护者，得到了世界绝大多数国家的认可和赞誉。

思想政治理论课讲好中华人民共和国世界贡献的故事，要站在世界和平与发展、人类文明和进步的角度，全面具体地分析中华人民共和国对世界的重大影响，要从关键事件、学术焦点、网络热点、学生疑点进行深入浅出的分析，要讲清楚中国自身发展对世界的贡献价值，讲清楚中国发展对周边和世界的带动作用，讲清楚中国发展带来的格局优化和形势改善对人类的进步意义。思想政治理论课要从世界的形势发展、中国的可能选择及其不同效果、中国的真实选择及其贡献等角度进行阐释分析，从而提升学生对中华人民共和国的世界贡献的科学认知、正确把握和规律提炼的能力。

总之，思想政治理论课讲好中华民族的故事、中国共产党的故事和中华人民共和国的故事，要讲清楚中华民族的悠久历史与人民生活，讲清楚人民的幸福和安康需要良好的治国理政能力和水平，需要为民请命、为民杀敌、精忠报国、为民奋斗、为民奉献的价值导向和文化特质，需要代表人民利益、为了人民利益、捍卫人民利益的先进政党对广大人民的领导、组织和发动。思想政治理论课要讲清楚中华民族的优秀文化特质和近代以来的民族危难同中国共产党的产生发展之间的内在联系，说明中国共产党是中华民族的优秀子孙，是中华优秀传统文化的继承者和弘扬者，是为国为民的杰出代表和勇敢先锋。思想政治理论课要统筹讲好这三类故事，讲清楚中国共产党作为最杰出的政治领导集团和为民奉献服务集团在中华民族从沉沦到复兴的伟大征程中发挥的核心、关键、最高领导地位和作用，讲清楚中国共产党在中华人民共和国的筹备、建立、发展和壮大过程中，在倡导、决策、部署、实施各环节的不可替代的地位和能力。思想政治理论课要把这三类故事结合起来讲、串通起来讲、关联起来讲，既要讲清楚每一个故事内在的价值和道理，也要讲清楚三者之间的内在关系和必然联系，给学生一个整体的、有机的、辩证的故事背景、综合场景、发展图景，加深学生对故事及其揭示的道理和规律的认识和把握，增加学生对中华民族、中国共产党和中华人民共和国的真挚感情、奋斗激情和奉献豪情。

思想政治理论课讲好中国故事，还要重点讲好中国特色社会主义的故事、改革开放的故事和新时代的故事。中国特色社会主义的故事和改革开放的故事在时间上具有很大的重合性，但侧重点不同，故事的视角和内容有区别，故事揭示的道理和规律不同，需要从它们各自的特点出发进行讲述，并且讲好。新时代的故事是思想政治理论课讲好中国故事的重中之重，是讲好其他故事的出发点和目标指向，是必须讲好的最近的故事、最新的故事、最精彩的故事。

四、思政课要讲好中国特色社会主义的故事

“中国特色社会主义是实现中华民族伟大复兴的必由之路。”[1] 中国特色社会主义是在改革开放之前二十多年曲折探索的基础上，经过几十年的发展形成成熟的中国版本的社会主义，是当今世界影响最大的社会主义现实形态，是世界社会主义最重要的代表。思想政治理论课要讲好中国特色社会主义故事，增强学生对中国特色社会主义道路、理论、制度和文化的自信，提升学生为坚持和发展中国特色社会主义，并坚定培养为中国特色社会主义走向共产主义而不断奋斗的信心和能力。思想政治理论课讲好中国特色社会主义故事，要重点讲好中国特色社会主义道路的故事、中国特色社会主义理论的故事、中国特色社会主义制度的故事、中国特色社会主义文化的故事和中国特色社会主义实践的故事。

---

[1] 习近平：《习近平谈治国理政》（第四卷），2022 年，第 34 页。

1. 讲好中国特色社会主义道路的故事

“方向决定前途，道路决定命运。”“中国特色社会主义道路是当代中国大踏步赶上时代、引领时代发展的康庄大道，必须毫不动摇走下去。”❶ 中国特色社会主义道路是中华民族实现现代化、走向民族复兴的必由之路，是中国人民的幸福之路、发展之路。“历史和现实都告诉我们，只有社会主义才能救中国、只有中国特色社会主义才能发展中国，这是历史的结论、人民的选择。”❷ 在中国特色社会主义的康庄大道上，中国人民取得了前所未有、举世瞩目的伟大成就。中国特色社会主义道路坚持了社会主义道路的基本方向，结合了中国的具体国情，在长期的探索中，充分吸取世界各国的经验教训，不断地完善发展。

思想政治理论课讲好中国特色社会主义道路的故事，要重点讲好中国特色社会主义道路的具体内涵及其发展演变的故事，讲好中国特色社会主义道路坚持和践行社会主义基本原理的故事，中国特色社会主义的特色形成和彰显故事，中国特色社会主义道路的时代背景和世界影响的故事等。思想政治理论课讲好中国特色社会主义道路的故事，就是要通过故事讲清楚中国特色社会主义如何坚持和践行科学社会主义的基本原则和马克思主义基本原理；讲好中国特色社会主义如何形成以及形成了哪些理论特色、民族特色、时代特色、实践特色；讲好中国特色社会主义道路与1956年以来、1949年以来乃至1921年以来、1840年以来不同时期中国人民对道路的不同探索之间的继承与

---

❶ 习近平：《论坚持全面深化改革》，中央文献出版社，2018年，第516页。

❷ 习近平：《关于坚持和发展中国特色社会主义的几个问题》，《求是》，2017年第7期，第5页。

超越关系；讲好中国特色社会主义道路与苏联东欧的传统社会主义、中国改革开放之前的建设实践之间的关系；讲好中国特色社会主义道路与时代发展变迁之间的关系，与西方发达资本主义、发展中国家的资本主义之间的学习借鉴、合作互动和差异区别、对立斗争之间的关系；讲好中国特色社会主义道路探索、形成、发展中的关键人物、关键事件、关键会议、关键制度、标志成就；讲好中国特色社会主义道路的探索、形成、发展的地位价值和意义效果。

思想政治理论课讲好中国特色社会主义道路的故事，要把这条道路的探索过程讲好、讲深、讲透，讲明白这条道路的来之不易，讲清楚这条道路的弥足珍贵，讲清楚这条道路是中国实现社会主义现代化唯一正确的道路，是中华民族伟大复兴唯一可行的道路，是中国人民实现人生幸福、生活美好的唯一科学的道路。思想政治理论课讲好中国特色社会主义道路的故事，就是要通过讲好故事，解疑释惑，增进同学们坚定走这条道路的信心和决心，沿着这条道路实现现代化、民族复兴和人民幸福的情感和意志。

2. 讲好中国特色社会主义理论的故事

中国特色社会主义的伟大成就是在科学理论的指导下进行的，中国特色社会主义理论是中国特色社会主义建设的经验和规律的集中体现。中国特色社会主义理论是一个体系，包括邓小平理论、“三个代表”重要思想、科学发展观和习近平新时代中国特色社会主义思想等重要成果。中国特色社会主义理论体系立足于社会主义初级阶段的基本国情，紧密结合时代特征，围绕什么是社会主义、怎样建设社会主义，建设一个什么样的党、怎样建设党，实现什么样的发展、怎样发展，新时代坚持和发展什么样的中国特色社会主义、新时代怎样建设中国特色社会主义等基本问题，涵盖政治、经济、文化、社会、生态、外交、祖国统一、民族、宗教、党的建设、统一战线、国防和军队建设等中国特色社会主义建设的重要领域，主要包括社会主义初级阶段理论、社会主义市场经济理论、改革开放理论、“一国两制”理论、党的建设理论、国防和军队建设理论、社会主义民主政治理论、生态文明建设理论、社会主义文化建设理论等内容。中国特色社会主义理论体系继承了毛泽东思想的实事求是、独立自主和群众路线等立场、方法和原则，为中国特色社会主义的建设和发展提供了强大的理论指导，是中国特色社会主义的理论形态。

思想政治理论课讲好中国特色社会主义理论的故事，要紧紧围绕中国特色社会主义理论的基本问题，紧紧围绕经济社会发展的方方面面，深入讲好中国特色社会主义理论的形成发展故事，中国特色社会主义理论的实践指导故事，中国特色社会主义理论的守正创新故事，中国特色社会主义理论的与时俱进故事，中国特色社会主义理论的内容拓展故事，中国特色社会主义理论对马克思主义中国化时代化成果的提升飞跃、境界开辟的故事，以及中国特色社会主义理论的实践指导、推动发展故事，等等。思想政治理论课讲好中国特色社会主义理论的故事，要围绕中国特色社会主义理论的主要内容、要解决的主要问题、特色所在以及理论魅力和现实伟力，从整体上讲清楚中国特色社会主义理论为什么行、行在哪里、行在何处；讲清楚为什么说中国特色社会主义理论是社会主义，而不是其他的什么主义；讲清楚中国特色社会主义理论的特色所在、优势所在；

讲清楚中国特色社会主义是马克思主义中国化时代化的新飞跃。让同学们认识和把握中国特色社会主义理论作为科学理论的指导地位、指导作用和时代价值，更好地坚持中国特色社会主义理论的指导，更好地发展中国特色社会主义，推动中国特色社会主义的发展和进步。

3. 讲好中国特色社会主义制度的故事

“制度是关系党和国家事业发展的根本性、全局性、稳定性、长期性问题。”[1] 中国特色社会主义制度，是以马克思主义及其中国化时代化的成果为指导，在社会主义根本制度的基础之上，坚持和发展了人民代表大会制度的根本政治制度、中国共产党领导的多党合作和政治协商制度和民族区域自治制度等基本政治制度，立足中国实际情况，逐步发展完善起来的。党的十九届四中全会对中国特色社会主义制度进行了全面总结和概括，阐述了中国特色社会主义制度的十三个根本优势，区分了中国特色社会主义的根本制度、基本制度和重要制度，中国特色社会主义制度体系基本形成。中国特色社会主义制度体系担负着维护和支撑中国特色社会主义的正常运转的重要职能，是中国共产党治国理政的制度依托，是人民当家作主的制度保障。中国特色社会主义制度，是中国特色社会主义理论的制度体现，是中国特色社会主义道路的制度支撑，是中国特色社会主义文化的制度基础。

思想政治理论课讲好中国特色社会主义制度的故事，要讲清楚中国特色社会主义政治制度之所以行得通、有生命力、有

---

[1] 习近平：《论坚持全面深化改革》，中央文献出版社，2018 年，第 517 页。

效率，就是因为它是从中国的社会土壤中生长起来的。中国特色社会主义政治制度过去和现在一直生长在中国的社会土壤之中，未来要继续茁壮成长，也必须深深扎根于中国的社会土壤。[1] 此外，还要讲清楚中国特色社会主义制度的机理设计和实践运行的故事，讲清楚中国特色社会主义制度的形成、发展和完善的故事，讲清楚中国特色社会主义制度应对重大风险挑战危机的故事，讲清楚中国特色社会主义制度和西方资本主义国家、其他第三世界国家制度的实践效果对比故事，讲清楚中国特色社会主义制度运行与中国人民权益提升的故事，讲清楚中国特色社会主义制度坚持社会主义基本制度原则、汲取中华五千多年治国理政制度设计的经验、借鉴西方国家的有益因素的故事，讲清楚中国特色社会主义制度中顶层设计与基层实践的故事。思想政治理论课讲好中国特色社会主义制度的故事，要通过故事的独特魅力和教学优势，不断增强学生对中国特色社会主义制度优势的认知和把握，不断提升学生对中国特色社会主义制度的信任和支持，不断推动学生通过对中国特色社会主义制度及其运行的了解和把握来提升其参与推动国家治理能力和治理体系的现代化、解决国家发展和现代化建设中的困难和问题的勇气和能力，提升学生推动中国特色社会主义制度应对世界动荡变革、持续健康发展完善的能力和水平。

4. 讲好中国特色社会主义文化的故事

中国特色社会主义文化是中国特色社会主义的灵魂。中国特色社会主义文化，源于中华民族五千多年历史文明所孕育的

---

[1] 习近平：《论坚持全面深化改革》，中央文献出版社，2018 年，第 127 页。

中华优秀传统文化，熔铸于党领导人民在革命、建设、改革中创造的革命文化和社会主义先进文化，植根于中国特色社会主义伟大实践。[1] 中国特色社会主义文化坚持马克思主义的指导地位，以社会主义核心价值观和社会主义核心价值体系为价值导向，以为人民服务、为社会主义服务为方向，坚持“百花齐放、百家争鸣”的方针，不断为中国特色社会主义建设提供文化支撑和保障。中国特色社会主义文化是中华文化的现代版本和最新展现，是马克思主义、社会主义在现代中国的生动演绎。讲好中国特色社会主义文化的故事，就是要讲好马克思主义在中国特色社会主义文化建设中的指导地位及其具体体现和巨大优势，就是要讲好中国特色社会主义文化的中华文化立场，就是要讲好中国特色社会主义文化的现实依据，就是要讲好中国特色社会主义文化的时代条件，就是要讲好中国特色社会主义面向现代化、面向世界、面向未来的故事，就是要讲好中国特色社会主义文化的民族特征、科学属性和大众品格，就是要讲好中国特色社会主义文化为人民服务、为社会主义服务的“二为”方向，就是要讲好中国特色社会主义文化的“双百”方针，就是讲好中国特色社会主义文化的中华文化新辉煌的建设目标。

思想政治理论课讲好中国特色社会主义文化的故事，要讲清楚中国特色社会主义文化与中华优秀传统文化之间的继承和发扬关系，与马克思主义、社会主义文化之间的坚持和发展关系；要讲清楚中国特色社会主义文化与中国特色社会主义实践之间的辩证互动关系；要讲清楚中国特色社会主义文化与世界

---

[1] 习近平：《决胜全面建成小康社会　夺取新时代中国特色社会主义伟大胜利——在中国共产党第十九次全国代表大会上的报告》，人民出版社，2017 年，第 41 页。

形势变迁和时代发展演变之间的关系；要讲清楚中国特色社会主义文化中的价值与追求、信仰与生活、理想与现实、人生与社会之间的关系。思想政治理论课讲好中国特色社会主义文化的故事，不但要讲清楚其中的道理，更要发挥以文化人、以文育人的作用，充分发挥中国特色社会主义文化在培育理想、坚定信仰、涵养品格、塑造价值、充实人生、提升境界、增进幸福等领域的应有作用。

中国特色社会主义是一个涵盖很多领域、很多方面和层面的综合体系，中国特色社会主义是不断发展进步的鲜活生动实践，中国特色社会主义是党和人民开创并发展的最大成就。思想政治理论课讲好中国特色社会主义的故事，要通过多层次、多角度、多维度的讲解，进而形成同学们对中国特色社会主义的整体认知和辩证认识，提升同学们对中国特色社会主义的信心和信念，更好地帮助同学们成长为拥护和支持中国特色社会主义、热情投身中国特色社会主义建设的时代新人。

五、思政课要讲好改革开放的故事

“改革开放是党和人民大踏步赶上时代的重要法宝，是坚持和发展中国特色社会主义的必由之路，是决定当代中国命运的关键一招，也是决定实现‘两个一百年’奋斗目标、实现中华民族伟大复兴的关键一招。”[1] 改革开放开启了中国特色社会主义建设新时期，也成为中国社会转型发展的重要推动力量。改

---

[1] 习近平：《在庆祝改革开放40周年大会上的讲话》，人民出版社，2018年，第21页。

革是社会主义制度的自我完善和发展，开放是中华民族走向世界的新起点。1978 年召开的十一届三中全会，开启了我国改革开放的新时期。从那个时候开始，改革开放作为中国的时代强音，一直响彻在中华大地。经过四十多年的发展，改革开放的层次和程度不断深化、不断拓展，从改革到全面改革，再到全面深化改革，从沿海的点的开放到线的开放、面的开放，从个别领域的开放到众多领域的开放，从对个别国家、少数国家的开放、单边的开放到双边的开放、多边的开放、加入 WTO 对全世界的深度开放，积极融入世界经济大循环，最终再到中国成为开放世界的重要引领者和维护者。这一路走来，改革开放的中国越来越强大、越来越自信、越来越从容。思想政治理论课要讲好改革开放的故事，就需要讲改革开放的历史演进故事、改革开放的理论发展故事、改革开放的实践效果故事、改革开放的世界影响故事，给同学们描绘出一幅改革开放的全景图、改革开放的演进图、改革开放的实效图，让同学们围绕为什么改革开放、怎么样改革开放、改革开放带来了什么变化等根本问题找到鲜明、深刻、生动的答案。

1. 讲好改革开放的历史演进故事

改革开放开始于 1978 年的十一届三中全会，面对社会主义探索过程中的伟大成就和重大失误，特别是面对十年内乱的浩劫，以邓小平同志为代表的中国共产党人顺应时代要求，回应人民呼唤，排除各种干扰和困难开启了改革开放的伟大实践，恢复和重建了被严重破坏的社会主义基本原则和重大制度，探索出一条建设中国特色社会主义的道路。从 1978 年至今，改革开放走过了四十多年的历史，在不同的历史时期，改革开放的重点和任务、环境和条件各不相同，理论探索和实践场景各有特色，改革开放经历了一个延绵发展、精彩各异的不同阶段。中国的改革开放是波澜壮阔的伟大史诗，是改变中国命运、影响世界格局、促进人类进步的重大进程。讲好改革开放的历史演进故事，就要讲好十一届三中全会的故事、中国共产党第二个历史决议的故事、小岗村的故事、特区的故事、长三角的故事、珠三角的故事、沿海开放城市的故事、沿边开放的故事；就是要讲好邓小平北方谈话的故事、南方谈话的故事、社会主义市场经济的故事、复关谈判和加入世界贸易组织的故事；就是要讲好家庭联产承包责任制的故事、乡镇企业异军突起的故事、国有企业改革发展的故事、国家机构改革的故事；就是要讲好农民工的故事、企业家的故事、外资外商的故事、中外贸易发展的故事、“一国两制”的故事、军队改革的故事、对外谈判和融入世界的故事、捍卫主权促进发展的故事；等等。

思想政治理论课讲好改革开放的历史演进故事，要重点围绕改革开放的历史背景讲清楚改革开放的时代条件，讲清楚改革开放的关键地位和历史意义；要围绕改革开放的阶段性任务和中心工作，讲清楚改革开放逐步展开、走向深入、更加全面、更加系统的历史过程。此外，还要围绕中国特色社会主义建设的不断提升和世界格局的演变，讲清楚改革开放与国家发展规划和社会主义建设之间辩证统一、相辅相成的关系；讲清楚改革开放过程中顶层设计与摸着石头过河之间的关系；讲清楚理论创新与民众创造之间的关系，国内改革与对外开放之间的关系；讲清楚改革开放与世界格局的发展演变之间的历史互动和相互影响；讲清楚改革开放的历史地位和世界意义。思想政治理论课讲好改革开放的历史演进故事，就要帮助同学们对中国四十多年的改革开放有一个整体的把握和认知，对中国改革开放的发展脉络有一个基本把握，对中国改革开放的重大事件和重要节点及其地位影响有一个准确的了解和感悟，从而让同学们更好地认识改革开放、认同改革开放、支持改革开放，在今后的工作岗位上更好地立足岗位参与改革开放，推动中国改革开放事业更好地发展，促进中国的现代化建设更加顺利，实现中国人民的更大幸福。

2. 讲好改革开放的理论发展故事

改革开放起源于领导人的政治智慧和民间的自发实践，其深入发展获益于国家的顶层设计和基层的“摸着石头过河”，顺利推行源自改革开放的理论深入和实践的不断发展。改革开放是中国特色社会主义建设的重要动力，改革开放理论是中国特色社会主义理论体系的重要内容。改革开放的理论发展紧紧围绕什么是改革开放、为什么要进行改革开放、怎么样进行改革开放、改革开放的目标和实际效果是什么等问题展开，结合改革开放不同时期的条件和任务进行不断探索和发展，形成了改革开放理论的不断发展、不断深入、不断提升。中国的改革开放是中国特色社会主义理论的关键内容，是邓小平理论、“三个代表”重要思想、科学发展观和习近平新时代中国特色社会主义思想的中心内容之一，是马克思主义中国化、时代化、实现历史飞跃的重要证明。中国的改革开放理论，从农村改革到城市改革、从对内改革到对外开放，从实践提出问题到理论回答问题再到理论推进发展；从党的实事求是思想路线的恢复到以经济建设为中心的工作重心的转换，到社会主义初级阶段的基本路线，再到社会主义市场经济理论的提出和完善；从对经济领域改革开放的推进到政治、文化、社会、生态等领域的相关改革，中国的改革开放理论不断完善、不断发展、不断丰富，形成了一个完整有序、有机整体的综合理论，成为中国改革开放实践的强大理论指导，为中国的改革开放事业提供了理论保障和支撑。

思想政治理论课讲好改革开放的理论发展故事，要紧紧围绕广大学生对改革开放理论及其实践的各种困惑，重点讲清楚社会主义初级阶段的理论故事、社会主义基本路线的故事、社会主义市场经济理论的故事、社会主义本质理论的故事、社会主义对外开放理论的故事、社会主义各领域改革的故事。思想政治理论课要讲好改革开放的理论故事，讲清楚改革开放的理论与社会主义基本原理之间的关系；讲清楚改革开放的理论与中国特色社会主义理论体系中其他理论之间的关系；讲清楚改革开放理论与国家治理体系和治理能力之间的关系；讲清楚改革开放中的市场与政府的关系、宏观调控与市场调节的关系、所有制与分配体制的关系、国内发展和对外开放的关系等理论发展进程；讲清楚改革开放在政治、经济、文化、社会和生态等主要领域改革理论的发展、演变、完善、提升；等等。思想政治理论课讲好改革开放的理论发展故事，要结合学生的成长经历、结合学生关心的主要问题、结合学术热点和理论争论点，通过故事引导学生更好地认识和把握改革开放理论的不断发展和演进及改革开放在不同阶段理论问题的演变及其解决，更好地激发同学们自己学习、研究改革开放理论的兴趣，支持和投身改革开放事业，推动中国更好地发展的信心和决心、技能和水平。

3. 讲好改革开放实践效果的故事

改革开放是伟大的觉醒，深刻改变了中国的命运。“改革开放极大改变了中国的面貌、中华民族的面貌、中国人民的面貌、中国共产党的面貌。”“我们用几十年时间走完了发达国家几百年走过的工业化历程。”[1] 经过四十多年的改革开放，中国的经济总量居世界第二位，货物贸易为世界第一位，服务贸易居世界第二位，利用外资稳居发展中国家首位，对外直接投资为世界第一位，[2] 并且在不断缩短与世界第一之间的差距；中国的政治更加民主、社会更加稳定、法治更加完善；中国特色社会主义文化更加繁荣，社会主义核心价值更加深入人心，马克思主义的指导地位更加巩固，中华文化软实力更加凸显；中国的社会更加和谐，小康社会全面建成，现代化社会生活质量不断提升；中国的生态文明建设成就显著，美丽中国画卷初步展现。此外，中国的国防和军队建设、中国共产党的建设、对外交往和世界地位都有了很大的提升，一个全面建成的小康社会和昂首走向现代化的东方大国屹立在世界的东方。

思想政治理论课讲好改革开放实践效果的故事，要紧紧围绕改革开放的初心使命；紧紧围绕中国特色社会主义制度的建立和完善、国家治理体系和治理能力的现代化提升；紧紧围绕人民生活水平的全面提升；紧紧围绕国家综合国力的提升和国家现代化水平的提升。讲好中国农业发展的故事、中国高等教育普及的故事、中国人住房改善的故事、中国人走向世界的故

---

[1] 习近平：《论坚持全面深化改革》，中央文献出版社，2018 年，第 511 –512 页。

[2] 习近平：《习近平谈治国理政》（第四卷），外文出版社，2022 年，第 236 页。

事、中国“结婚三大件”演变的故事、中国“新四大发明”的故事，中国全面脱贫攻坚的故事、中国防治新冠疫情成效的故事；等等。通过讲好这些故事，让同学们更加明晰中国改革开放的总体效果、整体效果，更能感知中国改革开放的生产效果、生活效果、生态效果，更能把握改革开放的国内效果、国际比较、世界影响，让深刻道理通过生动故事来实现情景呈现，提升同学们理解感悟。

4. 讲好改革开放对世界影响的故事

改革开放深刻改变了中国，也深刻改变了世界。一方面，改革开放深刻改变了中国的体制机制、方针政策、社会面貌，中国巨变作为世界关注、研究和参照的对象，产生了不可估量的世界影响；另一方面，改革开放的中国通过国内政策的外溢效应，通过对外经贸政策、外交和国际关系政策、参与区域和世界事务等途径方式在很大程度上深刻改变了世界。改革开放的中国成为世界格局演变和力量对比、人类发展方向和态势的重要参与和影响因素。毋庸置疑，中国的改革开放极大地改变了中国，推动了中国的发展、繁荣与进步，也极大地改变了世界，推动了世界的发展、人类的进步和文明的提升。

思想政治理论课讲好改革开放对世界影响的故事，要讲好中国对外贸易改变世界的故事、中国对外投资影响世界的故事、中国对外项目造福世界的故事；要讲好中国国力提升改善国际格局的故事；要讲好中国的对外主张推动人类进步的故事，中国的示范作用推动各国探索发展的故事、中国的智慧方案解决世界问题的故事；等等。

思想政治理论课讲好改革开放对世界影响的故事，要讲清楚改革开放带来的中国发展和进步本身对世界整体发展、进步产生的重要意义；要讲清楚中国的改革开放给中国对外经济社会文化交流带来的变化及带给世界的经济增长、文化繁荣和社会进步；要讲清楚中国的改革开放样本对世界其他国家的发展进步起到的榜样、导向和参照作用；要讲清楚改革开放的中国在世界经济全球化、政治多极化、文明多样化和社会信息化领域的巨大推进作用；要讲清楚改革开放的中国对区域和全球事务的积极参与和在主持正义、推动和平、长期发展等领域起到的历史作用；要讲清楚改革开放带来的文明形态的跃迁以及为世界文明形态、文明导向和文明前景带来的重大变化。

思想政治理论课讲好改革开放对世界影响的故事，要通过讲好故事让同学们认识到中国的改革开放不仅极大地改变了中国，也极大地改变了世界；不仅造福了中国人民，也是世界人民幸福的重要动力；让同学们认识到中国改革开放的世界影响和意义，进而提升同学们“中国离不开世界、世界也离不开中国”的意识，开拓同学们的世界视野和人类情怀，帮助同学们更好地认知中国与世界的紧密联系和不可分割性，更好地提升同学们构建人类命运共同体的意识和水平。

六、思政课要讲好新时代的故事[1]

党的十八大以来，中国特色社会主义进入新时代，从 2012 年到 2023 年的十一年，是中国特色社会主义实现飞速发展、发

[1] 姚洪越：《思想政治理论课讲好新时代故事路径探析》，《北京教育（德育）》，2020 年第 6 期，第 62－66 页。

生历史变革、取得历史成就的阶段。思想政治理论课要紧扣时代主题、时代焦点、时代任务、时代方向，围绕新时代，讲好新时代故事。

1. 讲好新时代领导者的故事

“中国特色社会主义最本质的特征是中国共产党领导，中国特色社会主义制度的最大优势是中国共产党领导。坚持和完善党的领导，是党和国家的根本所在、命脉所在，是全国各族人民的利益所在、幸福所在。”[1] 讲好新时代故事，必须讲好新时代中国共产党的故事，讲清楚“党是最高政治领导力量”“坚持党对一切工作的领导”[2]，必须讲好新时代中国共产党的信仰故事、新时代中国共产党的奋斗故事、新时代中国共产党的为民故事、新时代中国共产党的理论故事、新时代中国共产党的世界故事、新时代中国共产党的自身建设及治国执政故事。

思想政治理论课讲好新时代领导者的故事，讲清楚中国共产党昨天的苦难辉煌、今天的使命担当、明天的伟大梦想；讲清楚党的理论伟力、品质魅力、感人魔力、实践效力；讲清楚中国共产党伟大光荣、为民奋斗的经历；讲清楚党内的问题难题、执政过程中的危机挑战及其化解历程；讲清楚党解决问题难题、克服危机挑战的勇气和智慧、决心和成绩；讲清楚中国共产党执政的合理性、合法性、必要性和优越性；讲清楚在党的领导下，中华民族的辉煌前景和人类进步事业的美好未来。

思想政治理论课讲好新时代领导者的故事，要通过讲好故

---

[1] 习近平：《习近平谈治国理政》（第二卷），外文出版社，2017 年，第 43 页。

[2] 中共中央宣传部：《习近平新时代中国特色社会主义思想学习纲要》，学习出版社、人民出版社，2019 年，第 9 页。

事来激发和提升广大学生拥护中国共产党、爱戴中国共产党、向往中国共产党、加入中国共产党、建设中国共产党的动力决心和能力水平；激发广大学生坚决捍卫中国共产党的领导，坚决支持中国共产党的部署决策，坚决听从中国共产党的召唤和安排，坚决跟随中国共产党的步伐和方向，坚决学习中国共产党的创新理论，坚决走中国共产党指明的道路的决心和毅力；引导广大学生把拥党爱党的深情、入党建党的动力、忧党为党的决心以及对党的初心使命、热血豪情传承下去，把党的执政党地位、主心骨地位、领导者地位传承下去，把党推动民族复兴、促进人民幸福、推动人类发展的事业传承下去。

2. 讲好新时代理论的故事

习近平新时代中国特色社会主义思想的创立和发展是新时代理论创新的最伟大成就。习近平新时代中国特色社会主义思想是当代中国马克思主义、21 世纪马克思主义，是中华文化和中国精神的时代精华，实现了马克思主义中国化新的飞跃。[1] 用习近平新时代中国特色社会主义思想铸魂育人，增强大学生对新时代中国特色社会主义道路、新时代中国特色社会主义理论、新时代中国特色社会主义制度、新时代中国特色社会主义文化的自信，是开好思政课的主要目标，是办好、讲好、学好思政课的关键所在。要讲好习近平新时代中国特色社会主义思想创立者的故事、习近平新时代中国特色社会主义思想时代背景的故事、习近平新时代中国特色社会主义思想形成凝练的故事、

[1] 《中共中央关于党的百年奋斗重大成就和历史经验的决议》，人民出版社，2021 年，第 26 页。

习近平新时代中国特色社会主义思想地位使命的故事、习近平新时代中国特色社会主义思想传播普及的故事、习近平新时代中国特色社会主义思想指导实践的故事、习近平新时代中国特色社会主义思想世界影响的故事。

思想政治理论课讲好习近平新时代中国特色社会主义思想的故事，要讲清楚习近平新时代中国特色社会主义思想作为当代中国马克思主义的当代特性、指导地位；讲清楚习近平新时代中国特色社会主义思想作为21世纪马克思主义的世纪特征、世纪论述、世纪价值、世界地位、人类影响；讲清楚习近平新时代中国特色社会主义思想作为中华文化和中国精神的时代精华的中华特性、精神意蕴和时代意义；讲清楚习近平新时代中国特色社会主义思想作为马克思主义中国化时代化的新飞跃实现的原创性贡献、跨越性提升和新境界开创。

思想政治理论课讲好习近平新时代中国特色社会主义思想的故事，把故事与道理、故事与历史、故事与逻辑紧密结合，让理论的讲解不再是“干巴巴”、不再是“冷冰冰”、不再是“硬邦邦”，使习近平新时代中国特色社会主义思想随着故事潜入学生的心田脑海，让学生在潜移默化、不知不觉中接受习近平新时代中国特色社会主义思想的温润涵养、陶冶熔铸，使学生“水到渠成”地接受、拥护、学习、感悟，进而立志践行发展习近平新时代中国特色社会主义思想，并完成思想政治理论课的关键使命。[1]

---

[1] 姚洪越：《思想政治理论课讲好新时代故事路径探析》，《北京教育（德育）》，2020年第6期，第64页。

3. 讲好新时代建设的故事

“幸福都是奋斗出来的，奋斗本身就是一种幸福。”[1] 新时代中国特色社会主义建设者，是我们这个时代最可爱的人。新时代的所有成就都归功于劳动者、奋斗者、建设者。思想的科学、部署的正确、组织的有力，都需要建设者的劳动来贯彻落实，最后都需要劳动者的双手来把宏图变现。思想政治理论课讲好新时代建设的故事，展现各行各业的建设者们立足岗位、关心社会、团结协作、奋力攻关，不断把设计变成实物、把蓝图变成现实的风采。讲好他们的故事，展现他们的风采、揭示他们的心路、描绘他们的奋斗、彰显他们的崇高，是思想政治理论课上讲好习近平新时代中国特色社会主义思想的感召力和号召力，讲好以习近平同志为核心的党中央的决策部署的科学性和正确性，讲好新时代中国特色社会主义建设的艰辛付出和惊人成就的重要内容。

思想政治理论课要结合教材重点、社会热点、理论难点、思想疑点，[2] 合理安排故事详略，科学融入故事内容，讲好新时代的建设者故事、新时代的建设故事，尤其要讲好重大领域的关键人物、影响力人物的故事。例如，要讲好黄大年的故事、南仁东的故事、曲建武的故事；要讲好边防战士的故事、港珠澳大桥建设者的故事、南海造岛人的故事；要讲好撤侨海军将士的故事、防疫抗疫中逆行者的故事、科研工作者攻关克难的

[1] 习近平：《在北京大学师生座谈会上的讲话》，人民出版社，2018 年，第 12 页。

[2] 陈锡喜：《论高校思想政治理论课建设性与批判性的统一》，《思想理论教育》，2019 年第 5 期，第 19 页。

故事。[1]思想政治理论课讲好新时代建设的故事，要避免简单化、模式化、脸谱化，既要讲清楚建设成就的辉煌灿烂，也要讲明白建设中的艰辛艰苦、辛勤付出，更要讲清楚建设背后的价值选择、信念支撑、信仰伟力。

思想政治理论课讲好新时代的建设故事，要突出细节、突出人物、突出品格、突出集体，把建设中的意见分歧、鲜明个性、沟通协调、奋进激情、责任担当、壮志宏图、困难委屈讲清楚、讲明白、讲透彻、讲生动、讲立体。让同学们从新时代建设的故事中把握社会生活的方方面面、人生价值的丰富多样、人生奋斗的艰辛甘甜、伟大事业的波澜壮阔、人民群众的磅礴伟力，从而不断提升自己融入集体、敬业乐群、团结奋斗的激情和能力，为创造更美好的人生、更好地服务社会奠定坚实的基础。帮助学生理解“幸福都是奋斗出来的”，有了他们的“负重前行”才有了我们的“岁月静好”，使学生明白也要“像他们一样”，投身建设、不负韶华、不负人民、不负时代，才能让奉献激发奉献，让美好更加美好。

4. 讲好新时代百姓的故事

“人民对美好生活的向往，就是我们的奋斗目标。”[2]百姓生活的变化、百姓故事的演化，百姓期待的升华，是新时代中国特色社会主义建设效果最直接、最有力的证明。思想政治理论课要关注全国各地的百姓状况，讲好他们的故事。思想政治理论课要讲好新时代脱贫攻坚改善百姓生活的故事；讲好教育公

---

[1] 姚洪越：《思想政治理论课讲好新时代故事路径探析》，《北京教育（德育）》，2020 年第 6 期，第 64 页。

[2] 习近平：《习近平谈治国理政》（第一卷），外文出版社，2018 年，第 4 页。

平改变百姓人生的故事；讲好反腐败斗争给百姓办事带来顺畅的故事，讲好疫情防控给人民带来健康的故事；讲好基础设施建设给百姓带来交通畅达、网络联结的故事；讲好生态建设带来的青山绿水、天蓝水清的故事；讲好文化建设带来的风清气正、浩气四塞的故事；讲好社会建设带来的社会和谐、人间和乐的故事；讲好外交成就带来的出国免签、畅游世界的故事；等等。“时代是出卷人，我们是答卷人，人民是阅卷人。”[1] 百姓好才是真的好，百姓的口碑才是新时代的丰碑。[2] 最精彩的中国故事体现在老百姓的笑容里，展现在小日子的幸福里，凝聚在人民的健康快乐、未来希望里。

思想政治理论课要通过教师讲百姓故事与大学生讲百姓故事，思政课堂讲百姓故事与深入社会实践讲百姓故事，讲百姓故事与听百姓故事等多种形式和方式，来增加百姓故事的可信度、丰富度和鲜活度，展现百姓的幸福生活、美好向往、深切期盼，充分讲好故事，做到事半功倍。[3] 思想政治理论课讲好新时代百姓故事，要展现新时代中国工人的精神风貌，要描绘新时代农民的现代生产，要书写新时代学生的青春向上，要聚焦创业者的开拓进取，要关注管理者的统筹协调，要把握技术人员的精益求精，要描写中国各族人民、各阶层民众、各地区百姓的真实生活、真实感受、真实期望、真实奋斗，要展现他们的生活场景、生产过程、情感生活、日常工作，让学生全方位

---

[1] 《以时不我待只争朝夕的精神投入工作，开创新时代中国特色社会主义事业新局面》，《人民日报》，2018 年 1 月 6 日第 1 版。

[2] 姚洪越：《思想政治课讲好新时代故事路径探析》，《北京教育（德育）》，2020 年第 6 期，第 64 页。

[3] 姚洪越：《思想政治课讲好新时代故事路径探析》，《北京教育（德育）》，2020 年第 6 期，第 64 页。

立体式深入了解时代面貌，体验新时代的伟大成就及其获取途径，感悟民众的朴素期待和向往，理解中央的战略部署和未来规划，明白自身的责任使命，用自己的青春和奉献、智慧和付出让时代更加进步、人间更加美好。

5. 讲好新时代的世界故事

向当今世界各国展示中国的良好形象，讲好中国的多彩故事，表达中国的智慧善良，提出中国的方案倡议，推动各国和世界的发展和繁荣，是新时代中国特色社会主义的发展所需，内在要求；给转折中的世界、秩序坍塌的世界、前途迷茫的世界、问题众多的世界提供中国智慧和中国方案，是新时代中国特色社会主义的重要使命和担当、能力和责任。讲好新时代的故事，需要讲好新时代中国特色社会主义的世界故事，讲好新时代中国给世界的美好倡议的故事、多边外交的故事、睦邻善邻的故事、维护和平的故事、稳定世界的故事、反对单边的故事、共建共享的故事；讲好新时代中国在全球领域内勇于担当的故事、勇抗霸权的故事、维护正义的故事、援助帮扶的故事；讲好新时代中国和世界各国人民友情亲情的故事、关心关切的故事、支持支援的故事、舍己为人的故事、感人动人的故事。使广大学生更好地感受新时代中国的世界方案、世界地位、世界影响、世界使命、世界担当。[1]

思想政治理论课讲新时代的世界故事，要站稳中国立场，善于从中国的视角和立场来看待时代风云变幻，把握世界格局

---

[1] 姚洪越：《思想政治理论课讲好新时代故事路径探析》，《北京教育（德育）》，2020 年第 6 期，第 64 - 65 页。

变迁，体会世界矛盾转换。思想政治理论课讲好新时代的世界故事，就是要讲好中国在世界舞台演绎的精彩故事、正义故事和发展故事，讲好中国对世界的影响和推动；同时也要讲好中国对世界影响的具体程度和效果投入，正确把握中国在世界上的权利和责任，正确看待中国的作用和能力，正确处理中华民族的利益和世界人民的发展之间的辩证关系。

思想政治理论课讲好新时代的世界故事，要立足世界现实，对当今世界的动荡变革、对世界问题的分析剖析、对世界发展的展望和预判，都应该客观公正，让同学们既要看到世界各国的发展愿望，又要看到霸权主义、帝国主义、金融操控、军事控制对世界进步的危害，从而更好地理解世界、认知中国，更好地引导学生对世情、国情的真实把握，更好地引导学生掌握规律，把握经验，提升自身的能力和水平。

思想政治理论课讲好中国故事，在重点讲解中华民族的故事、中国共产党的故事、中华人民共和国的故事、中国特色社会主义的故事、改革开放的故事，特别是新时代的故事之外，还要紧紧围绕学生的思想困惑和成长成才需要，结合思想政治理论课的性质和内容，结合习近平总书记的相关重要论述，从不同的视角讲好其他中国故事。

围绕上述故事内容，在思想政治理论课讲好中国故事时，要充分体现故事的魅力，就要不断提升故事教学的理论深度、政治高度、历史厚度和文明广度。首先，要体现理论深度。思想政治理论课所讲的故事要紧紧围绕道理讲好中国故事，用故事中的道理，用故事中的“道”来使故事更加深邃和广阔，让人们在故事中感受信仰、感悟情怀、感动身心、感触历史，用道理为思想政治理论课的故事塑造灵魂和风骨，提供根基和脊梁。其次，要体现政治的高度。思想政治理论课所讲的故事要紧紧围绕中华民族的家国命运、伟大复兴，用典型的故事展示中国共产党治国理政的丰功伟绩、马克思主义中国化时代化理论的内在魅力和中国特色社会主义的制度优势。再次，要体现历史厚度。今天的中国是历史中国的延续和发展，今天从昨天而来，还必将孕育和走向明天。思想政治理论课所讲的故事要具有历史情怀、历史底蕴、历史视域、历史味道。要把故事放在五千多年的中华文明发展史中看待其经纬坐标，放在五百多年社会主义兴衰中评判其作用和功能，放在以中国式现代化全面推进中华民族伟大复兴的历史进程中来分析其地位价值。最后，要体现文明广度。要把思想政治理论课所讲的故事放在中华民族现代文明和人类文明新形态的建设中验证其效果成就，放在人类文明的广阔视野中展示其价值和意义。马克思主义文明观揭示了人类文明的发展演进规律，中华文明是世界文明的重要内容和影响力量，中华民族现代文明的培育和光大是我们的重要使命。要揭示故事的内在文明启示和文明功能，讲出中国故事的人类情怀，基于全人类共同价值讲好中国故事，促进人类发展。在讲故事中不忘把道理、历史、政治和文明作为故事的骨架、灵魂、大脑和基石，讲好故事背后的道理、情怀和意义。

第三章　由哪些人讲好中国故事

思想政治理论课讲好中国故事，最关键、最直接的讲述主体是思想政治理论课教师和思想政治理论课学生。在贯彻课程思政和践行“三全育人”教学理念的要求下，学校其他任课教师和教育教学的管理服务人员，在一定程度上也成为思想政治理论课讲好中国故事的效果影响主体。随着“大思政课”的推进和建设，在思想政治理论课实践教学等环节，参与“大思政课”建设的主体、新闻报道主体、社会建设的主体和相关感受评价主体，均或多或少成为思想政治理论课讲好中国故事的主体。

一、思政课讲好中国故事中的教师研究

习近平总书记在 2019 年学校思政课教师座谈会上指出，讲好思想政治理论课关键在教师，关

键在发挥教师的积极性、主动性、创造性。[1] 2022 年，习近平总书记在中国人民大学考察时指出，思政课的本质是讲道理，要注重方式方法，把道理讲深、讲透、讲活，老师要用心教，学生要用心悟，达到沟通心灵、启智润心、激扬斗志。[2] 思想政治理论课讲好中国故事，关键也在教师，也在发挥教师的积极性、主动性、创造性。结合习近平总书记的这一重要论述，要讲好中国故事，思想政治理论课教师需要具备优秀的个人综合素质、教学能力、强大的科研能力和掌握学生的能力。

1. 思想政治理论课教师讲好中国故事需要优秀的个人综合素质

思想政治理论课教师讲好中国故事需要优秀的综合素质，这是由思想政治理论课所涉及的范围广决定的。习近平总书记指出："思政课教学涉及马克思主义哲学、政治经济学、科学社会主义，涉及经济、政治、文化、社会、生态文明和党的建设，涉及改革发展稳定、内政外交国防、治党治国治军，涉及党史、国史、改革开放史、社会主义发展史，涉及世界史、国际共运史，涉及世情、国情、党情、民情，等等。这样的特殊性对教师综合素质要求很高。"[3] 仅高校本科生思想政治理论课，就包括"思想道德与法治""中国近现代史纲要""马克思主义基本原理概论""毛泽东思想和中国特色社会主义理论体系概论"

---

[1] 习近平：《思政课是落实立德树人根本任务的关键课程》，人民出版社，2020 年，第 10 页。

[2] 《习近平在中国人民大学考察时强调 坚持党的领导传承红色基因扎根中国大地 走出一条建设中国特色世界一流大学新路》，《人民日报》，2022 年 4 月 26 日第 1 版。

[3] 习近平：《思政课是落实立德树人根本任务的关键课程》，人民出版社，2020 年，第 10－11 页。

“习近平新时代中国特色社会主义思想概论”“形势与政策”等必修课程和“社会主义发展史”“中华人民共和国史”“中共党史”“改革开放史”等选修课程。不同地方的高校还开设了不同种类的具有思想政治理论课性质的选修课程。这些课程以人生、历史、马克思主义及其中国化时代化成果、社会时事和热点问题等为讲授内容，具有其他学科所不具备的知识广度、理论深度、教学难度，这就决定了思想政治理论课教师必须具备相关的综合知识宽度、理论水平和教学能力。

思想政治理论课教师讲好中国故事需要优秀的综合素质，这是由思想政治理论课的教学目标决定的。思想政治理论课是以培养拥护中国共产党领导和我国社会主义制度、立志为中国特色社会主义事业奋斗终身的有用人才，培育担当民族复兴大任的时代新人和德智体美劳全面发展的社会主义建设者接班人为目标。其教学的侧重点在于通过开展马克思主义理论教育，用习近平新时代中国特色社会主义思想铸魂育人，引导学生增强中国特色社会主义道路自信、理论自信、制度自信、文化自信，厚植爱国主义情怀，把爱国情、强国志、报国行自觉融入坚持和发展中国特色社会主义事业、建设社会主义现代化强国、实现中华民族伟大复兴的奋斗之中。思想政治理论课的教学目标是思想理论情感信念的内化，这就决定了这种教育不同于单纯的知识教育，是一项十分复杂艰巨的教学活动。知识的教育相对比较单纯，检验方式和方法也相对比较容易，而思想理论情感信念的教育，则无疑要复杂得多，对这种教育效果的检验检测，也要困难得多。

思想政治理论课教师讲好中国故事需要优秀的综合素质，这是由思想政治理论课教学的时效性强决定的。思想政治理论课具有很强的时间特性。习近平总书记指出："国内外形势、党和国家工作任务发展变化较快，思政课教学内容要跟上时代，只有不断备课、常讲常新才能取得较好教学效果。思政课上学生会提一些尖锐敏感的问题，往往涉及深层次理论和实践问题，把这些问题讲清楚讲透彻并不容易。"❶ 一方面，思想政治理论课要不断结合思想理论的最新发展，把党的创新理论、创新论述、创新观点及时传递给广大学生，这无疑具有一定的艰巨性。另一方面，思想政治理论课具有强烈的历史指向性、现实指向性，思想政治理论课要讲清楚历史上现实中关乎人生和国家发展的理论、制度、部署、实效等领域的理想与现实、理论与实践、整体与局部、本质与现象、主流与支流、成就与挫折等重大问题，这些问题本身的难度、深度、复杂程度和尖锐敏感与大学生的知识储备、社会阅历、发育特点相结合，无疑具有超乎寻常的难度。

思想政治理论课教师讲好中国故事所需要的优秀综合素质和丰富内涵，是基于习近平关于思想政治理论课教师素质的论述，主要有如下六个方面的素质：

第一，过硬的政治素质。政治要强是思想政治理论课教师第一素质要求。信心问题，是办好思想政治理论课最重要的问题，也是思想政治理论课讲好中国故事的最重要的问题。"思政课教师本身都不信，还怎么教学生？"❷ "教师是释疑解惑的，自

---

❶ 习近平：《思政课是落实立德树人根本任务的关键课程》，人民出版社，2020 年，第 11 页。

❷ 习近平：《思政课是落实立德树人根本任务的关键课程》，人民出版社，2020 年，第 8 页。

己都疑惑重重，讲出来的东西不会是充分坚定、富有感染力的。”❶ 思想政治理论课教师应该具有坚定的马克思主义信仰、社会主义和共产主义信念。思想政治理论课教师对所讲的内容，要发自内心的认可认同，对马克思主义的科学性、人民性、实践性、开放性要充分理解、科学把握；对马克思主义理论中国化时代化的成果，包括毛泽东思想、中国特色社会主义理论体系，特别是习近平新时代中国特色社会主义思想，要高度认同，知其然，也知其所以然，要身体力行，做学习和实践的典范。只有这样，教师才能做到言传和身教高度统一，才能用信仰点燃信仰、用践行激发践行，引导学生真学、真懂、真信、真用。在此基础上，思想政治理论课教师才能发自真心选好故事，不辞辛苦研究故事，底气十足想讲故事，感情充沛讲好故事。而思想政治理论课教师讲好故事，政治是第一位的标准，必须在故事选择上、故事讲述中、故事阐发中，保持政治的坚定性、结论的全面性、引导的有效性。

第二，充满情怀。情怀深，是习近平总书记对思想政治理论课教师的素质要求。“教师在课堂上展现的情怀最能打动人，甚至会影响学生一生。”❷ 故事是感情充沛的题材，是需要感动和泪水的作品。思想政治理论课教师只有通过讲故事中的真情流露，才能引导同学们真心相信，才能引导同学们产生感情共鸣。习近平总书记在讲到上中学时政治老师讲述焦裕禄故事时的哽咽动容对自己一生的影响，就是一个典型的例子。“只有打

❶ 习近平：《思政课是落实立德树人根本任务的关键课程》，人民出版社，2020 年，第 13 页。

❷ 习近平：《思政课是落实立德树人根本任务的关键课程》，人民出版社，2020 年，第 13 页。

动学生，才能引导学生。”[1] “真信才有真情，真情才能感染人。”[2] 思想政治理论课教师在讲故事的过程中，要有家国情怀，要充满传道精神，在关注社会、关注现实的过程中，充分发挥思想理论的魅力，投入真情实感，用饱含仁心爱心的真理力量打开学生深层的心门，冲开学生感情的闸门，激发学生的青春激情、奉献豪情和火红热情，让同学们在故事中感受到真理的魅力、关爱的温情、信仰的魅力、奉献的价值。

第三，崭新的思维。思想政治理论课教师需要有崭新的思维，需要把崭新的思维传递给广大学生。思想政治理论课既要告诉同学们是什么，还要告诉同学们为什么，也要告诉同学们这个是什么和为什么是怎么得来的。与思想政治理论课讲授的知识相比较，其传授的思维在某种意义上具有更为基础、更为坚实的地位。故事思维是思想政治理论课要讲清楚、传递好的思维体系中的重要内容，更是思想政治理论课讲好中国故事必备的重要思维。故事思维是事实思维，基于事情真相展开；故事思维是情感思维，围绕故事中人物的愿望和目标、困难和冲突展开；故事思维是共情思维，通过讲故事激发故事的讲述方、聆听方与故事人物三个方面的共情同理心，通过讲故事实现故事这三个方面的角色融合、角色代入，从而实现更好的传递效果；故事思维是理性思维，故事的发展演进必须与故事中的客观条件、人物身份性格、人物利益情感等内容相符合相契合，让人们觉着这个故事的产生发展自然顺畅、逻辑脉络清晰合理，故事演进令

---

[1] 习近平：《思政课是落实立德树人根本任务的关键课程》，人民出版社，2020 年，第 13 页。

[2] 习近平：《思政课是落实立德树人根本任务的关键课程》，人民出版社，2020 年，第 13 页。

人信服；故事思维是理论思维，故事本身是一个载体，讲故事本身往往不是思想政治理论课的最终目的，思想政治理论课是要通过故事来说明阐发故事本身所蕴含的历史事实、客观道理、人情世故、价值信仰，思想政治理论课是要通过故事来阐发故事背后的“道”，实现“文以载道”的目的，实现以文化人、以文育人的目的。故事思维是贯穿在其他思维之中的思维，也是整合、融合其他思维于故事形式的思维。除故事思维之外，思想政治理论课教师还要具备创新思维、辩证思维、科学思维、法治思维、民主思维、战略思维、系统思维等其他思维，并综合运用这些思维提升学生看待分析解决问题的思维能力。

第四，广阔的视野。思想政治理论课教师的知识视野要广，要具备坚实的马克思主义理论知识，包括马克思主义基本原理和马克思主义中国化时代化成果的基本内容；要对世界历史的发展演变，中国历史的基本发展，当今世界的基本情况、基本格局和发展态势，当今中国的制度框架、发展状况、基本成就以及面临的机遇和挑战等内容有清楚的认知；更要对当代大学生的思想认知、价值选择、语言特点、思维方法、关注热点、身体特征、心理倾向等内容有清楚的把握；还要对教育的规律、思想政治教育的规律、思想政治理论课的教育教学规律等内容，国家和各层级的政府、学校和所在单位对思想政治理论课教学的安排和筹划、要求和考核等内容都有清晰的了解。只有这样，教师才能在面对学生提出的问题、教学中出现的问题、管理中碰到的问题时进行清晰合理的科学阐释和应答。

思想政治理论课教师讲好中国故事，除需要具备上述知识之外，还应该具备发现故事、收集故事，形成思想政治理论课所需要的故事文本，讲好思想政治理论课故事并与学生就故事进行交流引申，发挥故事引导力的相关知识。只有这样，才能在工作中讲好故事，才能在中华五千多年的文明视野中，在五百多年社会主义演进的视野中，在一百七十多年中国人民的斗争视野中，在中国共产党的一百多年奋斗视野中，在中华人民共和国七十多年的发展视野中，在四十多年改革开放的实践视野中，在十多年中国特色社会主义新时代的飞跃视野中，通过生动、深入、具体的纵横比较，把道理讲明白、讲清楚、讲生动，讲入学生的心坎心田。

第五，严格的自律。思想政治理论课作为培育学生的理想信仰和价值，对学生进行思想政治教育的主渠道，教学内容本身就在具有极大的挑战性的同时，也具有极大的吸引力和独特魅力。一个好的思想政治理论课教师不仅要教得好，而且要做得好，只有做得好，才能教得好；只有教得好，思考研究得深，才会做得好。“言传”和“身教”的有机统一，是思想政治理论课教师职业的基本要求。思想政治理论课教师讲好中国故事，不仅要在讲故事的时候实现自身的价值情感、追求、信仰与故事中的正面人物的高度融合，从而激发引导同学们的价值情感、追求、信仰更加坚定合理、科学为民；而且要在不讲故事的时候，在非上课时间、其他工作中、日常生活中，也由衷地宣扬、践行、捍卫自己所讲的理论及自己在所讲故事中的价值情感、追求信仰。只有教师的真学、真懂、真信、真用，才能激发引导广大同学们的真学、真懂、真信、真用；才能树立起教师在学生心目中的正面高大形象、可亲可敬可爱可学的形象，从而实现教学的应有目标和价值。面对现实的复杂性，面对生活中客观存在的问题，教师要坚持实事求是的原则，直面问题，客观全面分析，找出问题的具体症结所在，把个人问题和制度问题、局部问题和全局问题、发展中的问题和发展不足的问题讲清楚、讲明白。即使老师对某些问题的研究和掌握还没有达到通透的地步，即使老师的讲解还没有达到让同学们完全信服、彻底认同的水平，只要老师展示出自己的真诚，有一说一，明白几分讲几分，和同学们一起研讨交流，也同样会得到同学们的认可和敬佩。

第六，高洁的人格。思想政治理论课教师要成为“经师”和“人师”的统一体，而且首先要成为“人师”。因为是“经师”，更好地学习和掌握了马克思主义的“真经”，所以能更加通透积极，更加深刻博爱，成为更好的“人师”；因为是“人师”，对国家民族、人类进步具有更为广博深沉的感情和自觉担负的使命，所以能更加彻底主动地投身到对各种规律道理的研究学习中，从而懂得更多、懂得更深、懂得更正，成为更好的“经师”。思想政治理论课教师要用渊博的知识赢得学生的敬佩，要用堂堂正正的人格赢得学生的敬爱，要用体贴入微的关爱赢得学生的亲近，成为“亲其师，信其道”的明证。人格正，人格高，不仅要体现在内心深处，更要体现在言谈话语、行为举止，要把信仰的魅力、情感的温暖、真理的力量，通过合适的话语行为表达出来，传递出来，让这些言谈话语、行为举止成为引导学生、改进社会的力量源泉、不竭动力。思想政治理论课教师讲好中国故事，就是要用故事中的道理、故事的语言艺术、故事的情节演进，来充分发挥故事人物的综合人格魅力，展现故事人物所具有的政治人格、道德人格、情感人格和智能人格。[1]

---

[1] 王向明：《思政课教师“人格要正”如何体现》，《光明日报》，2019 年 4 月 9 日第 13 版。

思想政治理论课教师具备了上述六种基本素质，才具备了当好思想政治理论课教师的资格，也才具备了在思想政治理论课上讲好中国故事的资格。这六种素质的保持和提升是终生课题，需要思想政治理论课教师通过不断学习和改进、不断结合实际加以保持和更新。

2. 思想政治理论课教师讲好中国故事所要具备的教学能力

思想政治理论课教师讲好中国故事不是一件简单的事，特别是给大学生讲故事，要求具有不同于给小学生、中学生讲故事的教学能力。

第一，科学把握思想政治理论课讲好中国故事的重要作用的能力。把握好思想政治理论课讲好中国故事的重要作用，认识到思想政治理论课为什么要讲好中国故事，是思想政治理论课教师讲好中国故事的先行条件。思想政治理论课是理论课，理论需要故事来表达。鲜活生动的中国故事有着润物无声、沁人心脾的力量。在2016年党的新闻舆论工作座谈会上，习近平总书记指出："要善于表达，深刻道理要通过讲故事来打动人、说服人。"[1] 在谈到讲好中国人权故事的时候，习近平总书记指出：要着力讲好中国人权故事，运用形象化、具体化的表达方式，增强当代中国人权观的吸引力、感染力、影响力。[2] 思政道理，需要用故事进行表达，思政好道理，需要用好故事进行巧

---

[1] 《"与党和人民同呼吸，与时代共进步"——习近平总书记主持召开党的新闻舆论工作座谈会并到人民日报社、新华社、中央电视台调研侧记》，《人民日报》，2016年2月21日第1版。

[2] 《习近平在中共中央政治局第三十七次集体学习时强调：坚定不移走中国人权发展道路　更好推动我国人权事业发展》，《人民日报》，2022年2月27日第1版。

妙表达。思想政治理论课教师既要善于讲理论、讲故事、讲历史，又要善于用故事讲道理、用故事讲历史，把理论、故事和历史三者融合在一起，充分发挥理论育人、故事育人、历史育人以及三者综合育人的功能。

第二，科学选择思想政治理论课所讲中国故事的能力。思想政治理论课讲好中国故事的前提是思想政治理论课有好故事。好的故事本身就具有独特的无可替代的思想政治教育价值。好的故事是思想政治理论课讲好中国故事成功的一半。思想政治理论教师要善于从历史典籍、日常生活、影视作品、俚语俗谚、歌词戏文中发现好的故事题材，并结合思想政治理论课的特点，用学生易于乐于接受的方式进行整理改编，在尊重事实的基础上，形成用于思想政治理论课的好故事。思想政治理论课要讲的中国故事，从题材的选择，到故事文本的撰写，再到故事文本的整理和加工完善，是一个需要大量智力和体力的艰苦工作。思想政治理论课教师要把中国故事整理成篇幅适度、情节跌宕、感情饱满、人物鲜明、道理深邃的适合思想政治理论课上讲授的小故事，用小故事说明和印证大道理，用好故事来再现历史关键人物和关键事件，达到讲好中国故事的教学目的。

第三，实现中国故事与思想政治理论课教材融合的能力。思想政治理论课教材是不同学段思想政治理论课教材的统称。就大学本科院校而言，包括本科生必修的思想政治理论课教材、选修的思想政治理论课教材、硕士研究生和博士研究生必修和选修的思想政治理论课教材。这些教材既各自独立又密切联系成一个整体，针对不同阶段的学生开展思想政治教育。思想政治理论课讲好中国故事，需要把选择好的中国故事与思想政治理论课的教材内容紧密结合，按照教材体系的内容，把合适的中国故事融入教学体系中，让中国故事与教材中的理论和历史、理想与现实形成一个相互融合的有机整体。

不同的教学内容对中国故事的内容和表达方式有不同的要求，同一个中国故事在应用到不同的教学内容时，引导的方向和侧重阐发的道理具有差异性。思想政治理论课教师要对每一个中国故事能够对应的思想政治理论课教材的具体内容，对同一个中国故事在不同的教材内容讲授中的讲述重点、引导方向和策略烂熟于胸，结合学生的当下特点和内心关注，把中国故事天衣无缝地融入课程教学。

值得指出的是，思想政治理论课教师要把当下的社会热点、舆论焦点和学生的理论困惑点，把社会时事、网络大事、现实热事作为思想政治理论课上所讲中国故事的重要素材，对之及时进行故事化提炼和加工，发掘背后的道理困惑和具体矛盾，结合思想政治理论课的教材讲好这些故事，发挥好这些故事背后的思想政治教育价值。

第四，实现中国故事传递思想政治理论课道理的能力。思想政治理论课讲好故事不是目的，引导同学们深入理解和把握、进而认同和践行故事背后所蕴含的道理和方法、价值和信念，认同故事展示的人生目标和追求、人生价值和理想，以此确立自己的人生道路和价值追求，这才是思想政治理论课讲好中国故事的最终目的。故事中的人物困境、两难选择、跌宕情节，实质上是不同价值和目标选择的冲突，故事中人物的选择和放弃，也是对某种价值和道德的选择和放弃。思想政治理论课教师在讲清楚、讲生动故事本身的同时，要引导同学们分析故事中的不同选择及其结果，要引导同学们对故事中人物的选择作出科学、合理、全面、客观的评价，进而引导同学们认同正确的价值和道德选择、树立科学的信仰和理想追求。在这个过程中，教师应该分析并指出这些不同的选择，不仅具有故事所在时空的特定意义，而且具有超越时空的重要价值和意义；这些不同的选择在今天仍然在被人们以不同的形式进行着选择和践行。思想政治理论课教师在讲好这些故事在故事情境中的价值和意义的同时，也要联系当今时代的实际，联系当下学生的实际，引导同学们在遇到类似选择时作出符合国家、社会和人民需要的选择。

3. 思想政治理论课教师讲好中国故事要具备的科研能力

思想政治理论课是一个技术含量很高、需要深入研究的科学领域。思想政治理论课教师讲好中国故事，也是一个技术含量很高、需要深入研究的科学领域。讲故事，好像很多人都会，但讲好故事，并不是每一个人都能，思想政治理论课讲好中国故事，更是一个需要深入研究、不断总结经验和规律的科学领域。思想政治理论课教师讲好中国故事，必须具备如下科学研究能力。

第一，调查研究的能力。习近平总书记指出："调查研究是谋事之基、成事之道，没有调查就没有发言权，没有调查就没有决策权。"[1] 思想政治理论课需要不需要讲中国故事，怎样才能讲好中国故事，怎样才算讲好中国故事，都需要进行深入的调查研究。思想政治理论课教师要对学生的思想困惑和关注热点进行调查研究；要对思想政治理论课教学中的问题和成绩进行调查研究；要对思想政治理论课所讲中国故事的类型风格形

[1] 中共中央宣传部：《习近平新时代中国特色社会主义思想学习纲要》，学习出版社、人民出版社，2019 年，第 249 页。

式效果进行调查研究；要对思想政治理论课所讲中国故事融入整个课堂，实现讲故事与讲理论、讲历史的有机结合的状况进行调查研究；要对思想政治理论课所讲故事与专业课程教学的互动关系进行调查研究；要对思想政治理论课所讲故事与听课学生日常经历的契合度进行调查研究；等等。调查研究是了解实际的第一步，是开展教育教学的前提和基础；调查研究是解决问题的重要途径，是改进教学，实现思想政治理论课讲好中国故事的重要凭借和依托。讲好中国故事，需要思想政治理论课教师经常进行调查研究，要善于运用调查研究，要不断改进调查研究，通过调查研究来了解事实、发现问题、寻找思路、解决问题、改进教学，不断提高思想政治理论课讲好中国故事的能力和水平。

第二，文献梳理和总结研究能力。讲故事是人类的基本交流方式、教育方式之一。从人类社会产生以来，讲故事、听故事就伴随着人们的生产生活各个方面。善于讲故事，讲好故事，把好故事讲好是众多行业优秀者的必备技能。思想政治理论课要充分汲取人类社会研究故事、讲故事、讲好故事、把好故事讲好的各种经验和规律，并把这些经验和规律与同样历史悠久的思想政治教育活动经验和规律相结合，聚焦人类长期以来在思想政治教育活动中的讲故事活动，结合时代特征和当今学生的特点，改进方式方法，实现思想政治理论课讲好中国故事的目标。我们党的领导人都是通过讲故事进行思想政治教育的高手，毛泽东讲的愚公移山的故事[1]、邓小平讲的“白猫黑猫”的

---

[1] 《毛泽东选集》（第三卷），人民出版社，1991 年，第 1101 - 1104 页。

故事[1]、习近平讲的精忠报国的故事[2]都达到了很强的思想政治教育效果。思想政治理论课教师要对古今中国的相关文献，特别是我们党在思想政治教育中讲好中国故事的相关文献进行系统梳理和总结，不断总结经验、凝练规律、探索创新，只有这样，才能不断汲取经验智慧，实现创新创造，不断提升思想政治理论课讲好中国故事的能力和水平。

第三，教学实践研究能力。思想政治理论课讲好中国故事，中心环节是“讲故事”，思想政治理论课教师讲好中国故事的能力，最直接、最鲜明的呈现就是讲好中国故事的教学实践。思想政治理论课教师要深入研究思想政治理论课教材，把思想政治理论课教材中的观点论述、历史事实、逻辑体系、知识理论进行分门别类的梳理，把其中的历史整体论述和历史中的情景再现结合起来，把其中的观点论述与背后的支撑事实结合起来，把其中的知识理论与践行结果结合起来，挖掘教材中的故事支撑，发现教学中的故事切入点、契合点和融会点，充分发挥中国故事在说明中国理论、讲好中国历史、传递中国信仰、激发中国情感、引领奋斗方向等领域的重要功能。思想政治理论课教师在教学中，要深入研究教师、故事与学生的“情理结合”；要深入研究故事、理论与历史的“三位一体”；要深入研究价值、情感和信仰的“水乳交融”；要深入研究教师讲故事、学生讲故事和师生结合讲故事的“优势互补”；要深入研究视频中的故事、图表后的故事、论述下的故事中的“情景再现”；要深入研究故事中的情节节奏、讲故事的话语节拍和师生情感激发之

---

[1] 《邓小平文集（一九四九—一九七四）》（下卷），人民出版社，2014年，第146页。

[2] 《习近平总书记的文学情缘》，《人民日报》，2016年10月14日第24版。

间的“同频共振”。除此之外，思想政治理论课教师还要深入研究在课堂之外如何开展中国故事的实践教学、现场教学。

第四，规律提炼和总结研究能力。思想政治理论课讲好中国故事，是思想政治理论课研究和讲好中国故事研究的交叉研究领域，这一领域遵循思想政治教育的规律、学生成长规律、教育教学规律、故事讲授规律，是思想政治理论课教学中一个需要深入研究的重要的崭新领域。思想政治理论课教师要讲好中国故事，就要立足于思想政治理论课的教学实际，深入研究思想政治理论课教师的成长成才过程、思想政治理论课教学的普遍一般遵循、当下学生学习思想政治理论课的实际状况、思想政治理论课所讲故事的特征特点和讲授实际，并且在此基础上，把研究领域拓展到歌词戏曲、诗词歌赋、骈文小说、相声小品，从人民日常的交流调侃中、从学生的哼曲歌唱中，发现思想政治理论课讲好中国故事的内在规律、实践方式和途径，以及讲故事时的词语选择、文本逻辑、段落编排、文字组织和声调音质、快慢节拍，汲取一切能够吸引人、抓住人、打动人、影响人的智慧和技巧，并加以适合思想政治理论课讲好中国故事的改造，吸引学生的注意力、抓住学生的敏感处、化解学生的困惑、影响学生的决策水平。

4. 思想政治理论课教师讲好中国故事要具备掌握学生的能力

“理论只要说服人，就能掌握群众；而理论只要彻底，就能说服人。”[1] 理论要说服人，就要研究人，理论要实现得彻底，

---

[1] 中共中央马克思恩格斯列宁斯大林著作编译局：《马克思恩格斯选集》（第1卷），人民出版社，2012年，第9－10页。

就需要对人研究得彻底。学生是思想政治理论课的关切中心，对学生进行“政治引导是思政课的基本功能”❶。思想政治理论课的最终价值是立德树人，是对学生进行政治引导。思想政治理论课对学生的政治引导效果是思政课教学效果的最重要体现。思想政治理论课讲好中国故事，要服从服务于思想政治理论课的基本功能，也要通过对学生的政治引导来实现其价值，因此，思想政治理论课教师讲好中国故事需要具备掌握学生的能力。

第一，需要掌握学生的基本情况。没有抽象的思想政治理论课，只有具体的思想政治理论课。每一个思想政治理论课教师要想讲好中国故事，就需要掌握学生的基本情况，就像父母需要了解孩子的基本情况——年龄、身体状况、饮食的口味及对什么食物药物过敏等——一样。思想政治理论课教师作为给学生提供精神食粮和思想价值支撑的“养育者”，也需要对学生的思想状况、特点特征、具体困惑、学习习惯等内容有一个基本的了解。为了上好思想政治理论课，教师要对听课学生的班级、专业、学段、年级、知识基础、性格风格、思想倾向、价值偏好等基本情况进行充分了解，只有这样，才能更好地、有针对性地选择相应的故事及其讲述式样，引起学生的共鸣，触动学生的心弦，打开学生的心门，激发学生的思考，发挥好故事的引导功能。

第二，需要掌握学生的思想疑惑、价值迷惑、信仰困惑。当今时代不断变革，世界面临百年未有之大变局，动荡变革层出不穷；中华民族伟大复兴不可逆转，局势变化时刻不息，世

---

❶ 习近平：《思政课是落实立德树人根本任务的关键课程》，人民出版社，2020年，第17页。

界局势风云变幻，中国经济迅猛发展，生活条件急速提升，教育环境不断改善，社会进步日新月异，信息资讯广泛传播，各种观点碰撞交融，再加上学生在青春发育期特有的生理心理发展变化，使得广大学生普遍存在或多或少、或深或浅的各种思想疑惑、价值迷惑、信仰困惑。马克思主义还灵不灵，中国化时代化的马克思主义行不行，中华文化的前途命运在哪里，人性是善还是恶，人生发展究竟是靠自己的实力还是必须要拼家庭背景，中国的制度是否合适、优越，社会上的各种热点问题应该如何分析对待，自己的前途命运能否自主，世界的各种危机能否以及如何解决，大国的矛盾冲突是否无解，乃至如何看待中国的历史任务和党的领袖，中国共产党究竟是什么、要干什么、是干什么的、干得究竟算不算好等诸如此类的问题都是学生感到困惑，时时感觉到“不知道”“拿不准”“说不清”“待分析”的重大问题。这些问题都需要思想政治理论课教师结合课程内容进行深入的解析剖析，不断地提供强大的精神动力、真理洪流、真情感动，来化解疑惑、冲刷迷惑、消除困惑。如果用养育孩子来比喻的话，这些工作就相当于了解养育对象的身体素质、锻炼方式、营养状况、健康指数；就相当于在为学生进行思想价值体检，从而明了学生在思想理论价值领域的成长发育已经到了什么水平、存在哪些短板和问题，还需要进一步补充什么，进而满足学生成长所需，成为治疗学生“发育不良”的精神大餐、思想食粮、价值营养，让学生从中汲取营养、治疗病痛、更加健康，使学生进一步坚定信仰、坚守理想、掌握真理、改变自己，不断成长为社会主义的建设者和接班人。

第三，需要掌握学生喜闻乐见的交流方式、授课方法、故事讲法。当今时代的大学生和现任的思想政治理论课教师在成长的具体年代、学习的方式方法、交流的工具使用、交流的用词用语、关心的问题课题、思考的视角维度等方面存在很大的不同。作为网络时代的原住民，作为E时代的他们，更加熟悉网络世界、虚拟时空，更加熟练电子工具、键盘对话，更加在意平等交流、自我优先。思想政治理论课教师要讲好中国故事，也必须认识到自己所讲的中国故事中的“精神食粮”，其价值也在于学生愿意学习接受，并能够通过一系列中间环节，转化为学生自己的价值信仰、理想信念、人生追求，转化为学生自己的言语行为、奋斗实践。学生对交流方式的偏好，对语音语调、语言风格的喜好，对故事情节、故事人物的接受程度，对自身参与讲故事的客观意愿和转化条件，对讲述故事的希望期待，学生在思想政治理论课教师讲完故事之后的身心变化、语言行为的改变，都是思想政治理论课讲好中国故事教学之前备课要考虑的重要内容，是思想政治理论课教师要让故事中的道理渗入学生思想的重要条件，也是思想政治理论课教师必须对讲好中国故事加以研究且要研究好的重要方面。只有这样，才能更好地实现理论“掌握群众”，才能更好地实现“理论的彻底”。只有这样，思想政治理论课所讲的中国故事的“精神食粮”才能最终转化为学生的精神骨骼、精神肌肉，转化为学生的思想理论素养和价值信仰选择。

当今的大学生对教师所讲的故事不断地求新求异，爱寻找教师所讲故事的不准确、不精确之处（网络资料丰富，传播广泛，而内容的多样性和不准确是这种情况发生的重要背景和原因），认为教师所讲故事的道理引申在一定程度上存在道理空泛、新意不足的问题。针对这些问题，思想政治理论课教师要深入研讨，积极应对，多讲新鲜的故事，多讲学生关注但不太了解的细节，多分析故事对学生个人成长成才的价值，多剖析故事中的生活智慧和人生感悟，让学生在故事中既能明了国家的意志、人民的期盼，还能找到生活的妙招、人生的智囊，从而不断提升思想政治理论课教师讲好故事的能力，充分发挥故事育人的应有作用。

二、思政课讲好中国故事的学生主体

习近平总书记指出："讲故事，不仅老师讲，而且要组织学生自己讲。"[1] 学生同样是思想政治理论课讲好中国故事的主体。在思想政治理论课讲好中国故事的活动中，学生一方面是思想政治理论课讲好中国故事以及思想政治理论课教师讲好中国故事的学习主体和接受（被教育）主体，另一方面又是思想政治理论课学生讲好中国故事的讲述（教育）主体。具体到某一名思想政治理论课学生而言，则既是其他主体（包括思想政治理论课教师和其他思想政治理论课学生）讲好中国故事的学习主体、接受（被教育）主体，又是自身在思想政治理论课上讲中国故事的讲述（教育）主体。思想政治理论课学生，在思想政治理论课讲好中国故事的活动中，地位十分重要、作用十分关键。因此，思想政治理论课讲好中国故事，必须加强对学生主体的研究。

1. 思想政治理论课学生讲好中国故事的个人素质

思想政治理论课学生是讲好中国故事的重要主体，是思想

---

[1] 习近平：《思政课是落实立德树人根本任务的关键课程》，人民出版社，2020 年，第 23 页。

政治理论课讲好中国故事的目标指向。学生的个人素质，是思想政治理论课学生讲好中国故事的重要基础。当今学生的个人素质主要具有以下特点。

第一，具有较高的信息技术水平，开阔的视野、敏捷的思维、广博的见识，这些为讲好中国故事提供了坚实的技术支撑。大学本科阶段思想政治理论课的学生，都出生在 2000 年以后（“00 后”），身处 E 时代，是网络原住民。他们从小伴随着电子信息产品成长，能够熟练使用电子产品查询信息、制作课件、拍摄视频、表达自我、参与交流。强大的信息技术使用能力，也为他们的学习成长、讲好故事提供了坚实的技术支撑。

第二，具备“平视”世界的水平和能力，可以更加客观准确地看待中国和世界。习近平总书记指出：“70 后、80 后、90 后、00 后，他们走出去看世界之前，中国已经可以平视这个世界了，也不像我们当年那么‘土’了……”[1] 当今的思想政治理论课学生都出生、成长在中国特色社会主义建设蓬勃发展时期。这一时期是我国的经济总量不断实现排名提升并最终逐步拉大和世界第三之间的距离的时期，是我国小康社会全面建设并最终全面建成小康社会的时期。这些学生通过丰富的信息来源，通过自身的切实感受，能够做到平视西方和外部世界，更多地以平等的身份、“平视”的视角去看待和分析问题，更加客观地分析和面对我国的优势和不足，更加自信地面对我们发展中的问题和世界百年未有之大变局，这些都为他们在思想政治理论课上讲好中国故事奠定了坚实的基础。

---

[1] 《“‘大思政课’我们要善用之”（微镜头·习近平总书记两会“下团组”·两会现场观察）》，《人民日报》，2021 年 3 月 7 日第 1 版。

第三，自主性更强，更愿意表达自己的意见，更愿意进行平等交流。这为思想政治理论课学生讲好中国故事提供了较好的条件。思想政治理论课的学生知识广博、表达欲望强、运用电子产品和数字媒体的能力强，呈现中国故事的形式也丰富多彩，这些都是他们讲好中国故事的先天优势条件。在思想政治理论课课堂上，只要教师稍加调动，同学们交流的积极性就会迸发；只要教师有了适当的安排，同学们就会积极准备、认真组织并讲好自己想分享的故事。这为思想政治理论课学生讲好中国故事提供了基本的条件。

第四，理论思维能力、人生社会阅历、看待问题的全面和深刻程度等还存在不足。这影响了他们所讲中国故事的深度和整体水平。由于年龄和阅历的原因，学生在讲中国故事的时候，往往会不自觉地凸显自己的个体感受和个体理解，对问题的认识和把握在全面程度、深刻程度、辩证程度等方面都有待进一步提升，在战略思维、历史思维、底线思维、辩证思维、法治思维、系统思维等方面有待进一步改进，这一方面限制了大学生在思想政治理论课上讲好中国故事的水平，另一方面也为思想政治理论课教师在点评和交流中对学生进行正确引导提供了空间。对思想政治理论课上学生所讲述的中国故事，教师一定要及时加以分析引导，发掘学生在讲述过程中没有意识到的深意和道理，发挥和阐释好这些故事的教育导向和育人价值。

2. 思想政治理论课学生讲好中国故事的讲述能力

思想政治理论课学生讲述中国故事的能力，就是学生通过查找比对故事，发现适合思想政治理论课教学、能起到思想政治教育功能的故事，并通过一定的方式把这些故事讲述出来，实现这些故事应有的教育效果和功能的能力。学生讲好中国故事的能力包括寻找故事资料的能力、将资料加工改造成思想政治理论课上所讲故事的能力、在思想政治理论课上讲好中国故事的能力。

第一，寻找故事资料的能力。思想政治理论课学生具有较强的寻找故事资料的能力，体现在学生可以通过阅读书籍、网络冲浪、实地参观、考察调研等途径，获取思想政治理论课上所讲故事资料的能力。学生往往通过阅读相关的人物传记、历史书籍、方志档案来寻找具有思想政治教育价值的故事，也往往通过截取影视视频、查找理论网站等方式来获取故事资料。各种纪念活动的展览、总结、回顾层出不穷，这也成为学生搜寻思想政治理论课所讲故事的重要资源。学生利用百度百科、哔哩哔哩等网站，通过对红色革命遗迹遗址、纪念馆、展览馆等资源的查找和遴选，通过对重要活动中领导人的讲话发言的学习，获取构建思想政治理论课上所讲故事的价值支撑、主要观点、故事情节和自身感悟，展现了较好的能力和水平。值得指出的是，讲故事的学生对同学们关心哪些领域、爱听哪些故事往往比教师把握更深，只要学生肯下功夫，往往就可以展示出较强的能力和较高的水平。学生对同学在讲故事中的表现表达，对同学的展演展示，也往往具有更细腻的感受和更强烈的关注。在思想政治理论课讲好中国故事的活动中，经常出现学生讲故事甚至比教师讲故事更能吸引同学们的情况，这为教师更好地发挥学生在讲好思想政治理论课故事中的作用提供了更深邃的思考和理论支撑。

第二，呈现故事的能力。搜寻到合适的故事素材，是学生讲好思想政治理论课故事的第一步，学生还需要把这些素材转化为故事的展示形式，通过文本、课件或者视频等方式的不同组合把故事呈现出来。学生对同学们认同哪种观点、偏好哪些词语、接受何种展示等情况要比教师更清晰明了，更能用学生喜闻乐见的方式讲述学生喜欢听的中国故事；对课件制作、小视频的选择和播放、电子网络信息的充分掌握和利用等工作比很多教师更驾轻就熟。但是，思想政治理论课学生呈现故事的能力表现出明显的差异性。从单纯的 word 文本呈现到故事文本和故事课件的结合，再到故事文本、故事课件和故事视频的结合，甚至有的小组还通过角色扮演、情景展示把思想政治理论课故事演出来，变成了某种舞台剧，并配以现代的声光电技术，形成一个感人至深的、立体的故事。在全国范围内，思想政治理论课学生讲好中国故事、思想政治理论课微电影活动都在很大程度上展现了大学生讲好思想政治理论课故事的能力和水平。大多数学生还停留在把思想政治理论课上讲故事当作一种平时作业和课堂要求的水平，还仅仅是处于完成任务、提升成绩、展示自我的阶段，对思想政治理论课上讲好中国故事的意义认识还不深，打动自己和同学的程度还有较大的提升空间。

第三，讲述中国故事的能力。思想政治理论课学生讲中国故事的能力，包括讲述活动的组织安排、讲述工作的展开进行、讲述效果的评价认知和进一步改进等环节的能力。思想政治理论课学生讲述中国故事存在较强的有利条件和独特优势，这体现在：学生的语言更加丰富活泼，生活气息更浓，更善于模仿和传递故事人物的内心世界、细腻情感；学生组成团队讲故事，通过分工负责、角色扮演，具有更强的表现力、感染力；学生对影视作品、歌曲小品中各种“流行梗”的使用更加顺畅自然，具有更大的吸引力和更强的信息传递力；学生选取故事的视野更加广阔，更具有现代感，更能深入生活；等等。当然，思想政治理论课学生讲好中国故事也存在着更爱讲述情感故事、故事文本加工不规范（甚至把个案、材料、数据直接当作故事来讲）、故事讲述感情不饱满、故事背后的道理引申简单生硬等问题，需要教师进行规范要求和指导提升。除此之外，思想政治理论课学生讲述中国故事，也存在对亲情爱情、日常生活、自我展现等故事内容的偏好，而对反映社会发展的典型故事、揭示深刻道理的社会故事、体现历史进步的关键故事的关注度相对小、讲述意愿不强烈等问题。

整体而言，对于自己在思想政治理论课上讲故事，当代大学生存在一定的新奇感，愿意积极参与，但同时又不愿意下大功夫。他们往往把网上某一个事件人物的资料，直接作为故事来讲；存在对故事文本直接复制粘贴或者粗糙加工的情况；存在对自己所讲故事的具体背景、影响因素、实际效果和所蕴含的道理、真理、价值、信念体会不深、不愿深究的情况。当然，也有不少学生能够做到结合当下时事热点和学生的实际讲故事，具有很高的水平。实践证明，只要学生深入研究故事，舍得在讲中国故事领域下功夫，就能够讲好中国故事，起到与教师讲故事相别相异、相互补充支撑的积极效果。

3. 思想政治理论课学生讲述中国故事的研究能力

学生作为思想政治理论课讲好中国故事的重要主体，他们讲述中国故事的水平与他们对讲好中国故事的研究和把握水平直接相关。思想政治理论课学生讲述中国故事的研究能力是学生基于思想政治理论课上讲述中国故事的需要而进行研究的各项能力，主要包括对故事生成规律的研究能力，对故事讲述规律的研究能力，对故事价值引导规律的研究能力。

第一，对故事生成规律的研究能力。学生在思想政治理论课上所讲的故事，有一个形成的过程，有其生成的规律。学生在决定要在思想政治理论课上讲中国故事之后，首先面临的问题就是讲什么故事，要讲的故事素材在哪里，怎么样把这些故事素材变成故事的文本、课件、视频，乃至讲述方案。一个好的思想政治理论课故事有其形式和内容上的要求，有其时间和对象的限定性，有其情节和矛盾的内在展开规律。作为限定的讲述主体（学生），他们所讲的故事还应该具有讲述主体的适用性，这些都是学生要进行研究的内容。实践证明，学生对这些内容具有一定的清醒认识，对学生所讲思想政治理论课的主题、价值有一定的把握，对故事的内容和情节凸显有较好的研究能力，对故事文本的设计、讲述重点、讲述风格和讲述人的安排具有较好的研究能力。

第二，对故事讲述规律的研究能力。整体而言，学生对故事讲述具有较好的研究能力，这体现在他们在准备故事过程中的交流研讨和方案设计上，体现在对所讲述的中国故事饱含感情，并对其中所蕴含的道理把握清晰，体现在多人同讲一个故事时也能凸显角色特性（如安排不同性别和性格的同学讲述不同的人物言语和内心独白，对课件中不同人物及其言语行为进行不同风格的呈现等），在故事的最后讲述中，能将声音、图画、视频、文字等呈现内容和讲述人的讲述实现有机统一并成功营造故事氛围、提升故事教育效果等方面。当然，有的学生在讲述中国故事时，我们也可以清晰地感觉到他们试图在某些适当的地方增加感情的力度却效果不佳，这说明他们对故事本身的研究有了一定的基础，但是对于如何讲好故事、如何实现讲述人与故事中人物的情感同频共振，还存在较大的提升改进空间。

第三，对故事价值引导规律的研究能力。思想政治理论课的学生，知道思想政治理论课的价值指向，知道通过讲好故事来传递和传播思想政治理论课价值的教学目的，也基本上能够下功夫对自己讲什么故事、怎样讲故事、怎样才能讲好故事等问题进行思考，呈现出一级学生更比一级学生强的整体趋势。整体而言，学生对讲故事本身的研究能力要高于学生对故事所发挥的价值引导作用的研究能力。同学们往往在故事本身的展示和讲述上投入较多的精力进行研究和打磨，在对故事进行价值引导的环节（故事的思想政治理论价值环节）则往往用几句话带过，并且经常出现理直气不壮甚至还有些腼腆害羞的表现。学生往往认为故事的价值和意义比较明显，在这方面大家都明白，因此毋庸赘言。如何深入发掘故事的内在价值和意义，特别是发掘故事的新时代价值和意义，需要人们深入研究，并进一步提升能力。

4. 思想政治理论课学生讲好中国故事的组织能力

思想政治理论课学生讲中国故事，可以由一个学生讲，也可以组成一个小组由多个学生讲：小组成员可以集体收集整理故事、集体制作故事文本和课件、共同讲述，还可以对教师所讲的故事进行补充、讨论和交流。思想政治理论课学生讲中国故事，一般采取组成讲故事小组的方式来进行。在学生登台讲故事之前，需要做好小组内部的集体协商，围绕选择故事内容、组织故事文本、制作故事课件、登台讲述故事等工作进行明确分工；在讲故事的过程中，需要组织好所讲故事的具体时长、多人讲故事的分工协作、故事讲述中与其他人的交流互动等工作；在故事讲述结束后，需要组织好故事讲述的效果评估、讲述技巧和能力的经验总结和规律探索等工作，为提升在思想政治理论课上讲好中国故事的能力提供动力。思想政治理论课学生讲好中国故事，是一个考验学生自身素质、组织才能、协同能力的综合活动，需要教师事先提出具体要求，在每一组学生讲完之后进行适度的鼓励、点评和引导。在思想政治理论课学生讲好中国故事的活动中，要充分调动课代表、班级干部、讲故事的小组长和组员们的积极性、主动性和创造性，发挥好学生的自我管理和评价功能，客观公正、热情主动地促使同学们讲好中国故事，发挥好自我教育、同伴教育的应有作用。

第一，小组组建的研究能力。学生讲好思想政治理论课故事，应该多采取小组讲故事的方式，以便更多学生参与这一活动。学生领取到在思想政治理论课上讲中国故事的任务或安排之后，第一个需要做的工作就是组建讲故事小组。这一工作包括小组成员的遴选、小组内部的分工、小组内部的沟通协调等。其中，组长的遴选及其带领小组的能力是一个关键因素。组长往往就是一个小组的发起者、组织者、指挥者，是小组的灵魂。在人员确定之后，需要对小组所讲故事的主题选择、具体故事的遴选等工作进行交流协调，进而根据讲故事本身的工作需要和小组成员的各自特点进行组织分工。小组组建是讲好故事的基础，后续的工作质量和顺利推进都依赖于小组成员的能力和水平。可以说，较强的小组组建能力在思想政治理论课学生讲好中国故事的过程中处于十分重要的地位，值得讲故事的同学特别是各小组组长深入研究。

第二，小组分工的研究能力。在小组组建之后，学生需要进行内部的交流和分工。这些工作包括故事主题的选择，具体故事的筛选，故事相关材料的搜集，故事的文本、课件视频等的具体呈现，故事讲述的具体人员和方式等内容。一般而言，组长在故事主题的选择、具体故事的筛选方面会发挥很大的作用。事实上，组长在成立小组的时候，往往已经对故事的主题有了一个初步的看法和思考，在故事的主题乃至具体故事内容确定后，故事材料的收集、故事的文本和课件呈现资料的制作就成为小组内部分工组织的重点。组长要发挥好组织协调、领导推进的作用，负责各个具体工作的成员要及时关注和督促上一个环节的进度和质量，并及时做好本环节工作的各项准备，及时开展本环节的相关工作。故事的内容确定后，同学们往往会遇到故事材料众多且不乏细节冲突、情节矛盾的情况。对故事材料的遴选和组织，是一个故事的真实性、权威性、客观性的重要支撑，这一个环节需要较多的投入，在必要的时候，需要借助老师的指导和帮助。材料的真实性确定之后，需要在文本和课件等呈现材料的制作中，充分考虑详略得当和突出重点的问题。一般而言，受制于思想政治理论课上所讲故事时长的制约，考虑到思想政治理论课教学的主题，一个故事应该有一个突出的思想政治教育主题，例如党民情深、制度高效、高质发展、使命担当等，以免出现多主题之间的相互干扰和冲突，影响故事效果发挥的不利后果。

第三，故事呈现载体制作的研究能力。学生在思想政治理论课上讲述中国故事之前，需要有一个良好的故事呈现载体，具体的载体形式包括简单的文本、课件、视频、剧本等形式，也包括上述几种简单形式的多样式组合形式。一般而言，故事呈现载体的水平体现了小组前期所有工作的整体水平，也为在课堂上讲好中国故事打下了基础。故事主题和故事内容，一般都是比较知名的、最近发生的、导向明显的，不能要求学生所讲的故事内容是闻所未闻的、全然未知的，但是学生所呈现出来的故事载体必须是自己制作的。“一千个读者眼中就会有一千个哈姆雷特”，对于同样一个故事、不同的故事载体制作者会有不同的关注视角、泪腺触点和真实感悟，也会有不同的载体呈现方式。在故事呈现载体的制作中，学生要完整呈现故事的脉络和经纬，要表达好自己的真实感受，要关注到听众（同学和老师）的兴趣和反应，要考虑到课堂的场景和时间长度，必须由专门的小组成员负责最初的制作，由全体小组成员反复观摩和体会，最后对故事的呈现载体进行多轮的打磨和提升。

第四，故事呈现过程的研究能力。思想政治理论课学生讲好中国故事的最终结果就是把故事讲出来并产生应有的效果，故事的呈现能力是学生讲好中国故事的关键能力。思想政治理论课学生讲好中国故事的呈现能力包括故事载体的呈现能力、故事的讲述能力、故事的分析总结能力和价值引导能力。故事载体的呈现能力包括熟练展示故事载体，即故事的文本、课件、相关动画视频等内容。学生要在充分熟悉故事呈现载体的基础上，反复练习，用心体会故事呈现载体的丰富多彩、适当适宜；用心体会呈现故事关键点、关键环节、主要关节的具体方式及其呈现艺术，既要克服因熟练熟悉程度不足带来的卡顿紧张，也要克服因多次练习导致的情感麻木和内心平淡，以饱满的情感和娴熟的技巧自然流畅、水到渠成地讲述好思想政治理论课故事，并对故事的思想政治教育价值和意义进行适当的引申引导，引导好故事阐释中可能存在的其他视角所带来的影响，解答好对故事的其他解读带来的疑虑疑惑，充分发挥好故事的应有作用。在故事的讲述中，涉及多人分工讲述或者一人讲述多个故事角色时，要充分体现不同人物、不同场景及不同角色的情感、思维、性格差异，让故事聆听者产生一种现场感，提升故事再现的程度，提升故事的真实性、感染力。

三、思政课讲好中国故事的课外主体研究

思想政治理论课讲好中国故事，最重要的讲述主体是思想政治理论课教师和学生。同时，思想政治理论课讲好中国故事，也要高度重视其他思想政治理论课建设主体和客观上具有思想政治理论教育功能的其他主体的作用。习近平总书记强调，要办好、讲好、学好思政课，强调“大思政课，我们要善用之”[1]。思想政治理论课教学的主体和相关各方，社会生活中具有较强思想政治理论教育功能的事件、案例、活动的相关方，在很大程度上都是思想政治理论课讲好中国故事的主体，这些主体，或者为思想政治理论课讲好中国故事提供各种基础和条件，或者为思想政治理论课讲好中国故事提供各种案例和支撑。我们必须高度重视对这些主体的研究，探索更好地发挥这些课堂外主体在思想政治理论课讲好中国故事中的作用和功能，不断构建更多层次、更宽领域、更深程度、更大范围的思想政治理论课讲好中国故事的育人体系。

1. 教学组织管理主体

思想政治理论课是学生课程教育体系中的一部分，是学校

---

[1] 《“‘大思政课’我们要善用之”（微镜头·习近平总书记两会“下团组”·两会现场观察）》，《人民日报》，2021 年 3 月 7 日第 1 版。

教学组织和管理对象的一部分，在思想政治理论课教学之前、之中、之后，与思想政治理论课教学相关的教学组织管理各主体及其工作活动都会对思想政治理论课讲好中国故事的顺利开展、效果发挥产生较大的影响。因此，思想政治理论课讲好中国故事的主体研究，应该包括对思想政治理论课进行组织和管理服务的教学机构（思想政治理论教学部、社会科学部、马克思主义学院，在下面的行文中，统称为马克思主义学院）中的教学管理服务人员的研究，具体包括：学院领导（院长、副院长，学院的书记、副书记等），教研室或者系领导（主任、副主任、助理等），办公室管理工作人员（学院办公室主任、教学管理办公室主任、教学秘书等）。对这些人员及其工作在思想政治理论课讲好中国故事活动中作用的研究，具有较为重要的意义。

第一，马克思主义学院领导的主体地位。一般而言，高校思想政治理论课教学由马克思主义学院进行直接管理和实施，马克思主义学院的领导对思想政治理论课教学的重视程度（相比较于对科学研究的重视程度、对社会工作的重视程度等），对思想政治理论课讲好中国故事的重视程度（相比较于思想政治理论课其他教学模式方式和方法），对思想政治理论课教学规律的整体把握和结合实际创造性的遵循程度和水平，对思想政治理论课讲好中国故事实际工作的开展和教学效果都具有直接的影响。马克思主义学院领导在确定培育思想政治理论课教学特点的文件中，在思想政治理论课教学的测评管理考核中，在思想政治理论课的平时成绩、实践成绩管理中，如果关注并重视讲好中国故事在思想政治理论课教学中的独特作用及其增效机制，那么对思想政治理论课讲好中国故事就会有较好的促进作用。马克思主义学院的领导如何看待讲理论、讲历史和讲故事在思想政治理论课教学中的辩证关系，如何推动思想政治理论课教学的改革创新，如何践行思想政治理论课讲好中国故事的要求，这些都是思想政治理论课讲好中国故事的重大影响因素。

第二，教研室领导的主体地位。一般而言，各高校会按照思想政治理论课的课程名称设置对应的教研室，教研室在自己所负责的课程教学中负有直接责任。教研室主任、副主任或者助理的认知和工作特点，教研室的教学大纲、教案设计、教学文本，以及本门课程的成绩评定细则、实践推优程序、教学比赛方案等，都会在很大的程度上影响思想政治理论课教师讲好中国故事的积极性、主动性和投入程度、教学水平。不同的思想政治理论课课程，在讲好中国故事的问题上既具有共性，即都要重视讲好中国故事，都要结合课程实际讲好中国故事；也具有个性，即课程的教学内容不同，教学侧重点不同，教学目标与讲好中国故事的内在关系不同。除课程本身带来的差异之外，教研室领导的教学特点、教学风格、教学习惯，都会对思想政治理论课讲好中国故事工作产生直接的、重大的影响。

第三，教学相关办公室管理人员的主体地位。马克思主义学院办公室人员、教学管理办公室人员、教学秘书等都是思想政治理论课教学管理的重要主体，在思想政治理论课讲好中国故事工作中扮演着重要的角色。思想政治理论课讲好中国故事工作的开展，需要这些人员的理解、支持和配合。学院办公人员在了解思想政治理论课讲好中国故事所需要的设备支持、工具提供、平台支撑、规则许可等方面具有独特的优势。学院要安排这些人多走进思想政治理论课讲好中国故事的备课会、教学展示现场和相关的教学比赛中。以此让他们深入了解思想政治理论课讲好中国故事所需要的条件和付出、所产生的成绩和效果、所需要的认可和鼓励，从而促使他们在自己的工作中，在教学工具和设备的提供和保障中，在思想政治理论课的教学管理服务中，在落实和贯彻各级教学管理的文件和规定中，能够更好地从思想政治理论课的教学实际出发，从推动思想政治理论课讲好中国故事这一目标出发，不断改进工作、增加了解、提供支持。

第四，马克思主义学院的整体主体地位。马克思主义学院是直接组织管理且服务于思想政治理论课教学的部门。作为一个整体，学院的工作作风、机构文化、精神面貌和管理服务态度等方面的状况，直接影响思想政治理论课教学的组织管理和服务水平、思想政治理论课教师的工作状态和水平、思想政治理论课教学的状况。对于学生而言，他们在处理思想政治理论课教学的相关事务（成绩咨询、课程实践、教务管理等）时，也会直接感受到马克思主义学院的整体状态，从一个侧面形成自己对思想政治理论课教学内容及其现实体现等的强关联认知。马克思主义学院的工作人员和思想政治理论课教师构成了马克思主义学院的全部人员，整体上容易被评价为学马克思主义的、教马克思主义的、从事马克思主义教育工作的人员。他们的工作状况和整体形象，与马克思主义的“魅力和影响”“真理性与实效性”等认知紧密相连，因此，要高度重视马克思主义学院作为一个整体，马克思主义学院管理服务人员在思想政治理论课教学中、在思想政治理论课讲好中国故事中的地位和作用，不断提升他们对工作的热爱和了解，不断提升他们的工作水平和能力，不断提升他们的整体形象和魅力，从而增加人们对马克思主义、思想政治理论课教学内容的认同感。

2. 学校领导和管理层

思想政治理论课是学校教书育人、立德树人工作的一部分，思想政治理论课教学是高校教学工作的一部分、育人工作的一部分。思想政治理论课讲好中国故事与学校的整体安排和发展、与学校领导和管理层的支持和参与密不可分。学校领导和学校的教务管理部门直接为思想政治理论课教学、为思想政治理论课讲好中国故事提供管理服务，是思想政治理论课讲好中国故事的重要主体。

第一，学校领导的主体地位。学校党委是高校办好思想政治理论课的主体。学校党委按照国家的规定定期研讨学校思想政治理论课教学，马克思主义学院、马克思主义理论学科面临的机遇与挑战、取得的成绩与原因、存在的问题与对策等，学校党委和学校行政部门领导不断提高对思想政治理论课是落实立德树人根本任务的关键课程的认识，不断提高讲好思想政治理论课关键在教师的认识，不断加强学校在办好思想政治理论课方面的责任意识，不断改善落实和改进思想政治理论课的教学条件，是思想政治理论课讲好中国故事的重要条件和基础。根据国家的相关规定，高校正职领导每年需要讲授 8 节思想政治理论课，副职领导每年需要讲授 4 节思想政治理论课。学校领导要走进思想政治理论课课堂，要联系思想政治理论课教师，要亲自备课、听课、讲课，这些都为学校领导了解、把握、推动思想政治理论课教学提供了强大的保障和支撑。思想政治理论课讲好中国故事，需要不断增加校领导对这项工作的地位和意义的认知，充分发挥他们作为独特建设主体的作用和价值，不断创造条件推动这项工作的发展。

第二，学校教务管理部门领导的主体地位。思想政治理论课是学校整体教学体系的一部分，高校研究生院和教务处是高校办好思想政治理论课的重要管理服务部门，也是讲好思想政治理论课的重要参与部门。他们在很大程度上也是思想政治理论课讲好中国故事的主体。思想政治理论课在学生培养方案中的具体设定，思想政治理论课的教学安排、教学评价、改革创新，都需要教务处和研究生院的支持。党的十八大以来，党和国家高度重视思想政治理论课，很多高校针对思想政治理论课的教学改革都设立了相关的研究专项、教学评奖、荣誉称号，给予思想政治理论课讲好中国故事强大的支持。思想政治理论课讲好中国故事需要得到学校教务管理部门的支持、理解、倡导和保障。这些领导对思想政治理论课重要性、特殊性的认识，对相关文件规定和马克思主义学院相关方案的支持都会对思想政治理论课教学、思想政治理论课讲好中国故事产生重大的影响。

第三，学校教务管理部门工作人员的主体地位。学校教务管理部门领导们的认知和支持往往需要通过相关文件的制定、教学方案的完善、排课方案的审核、教学评估的组织、教学研究的推行、教学比赛的组织等具体的工作才能在实际中转化为对思想政治理论课的具体支持。在这些具体的转化中，教务处和研究生院各科室工作人员的工作十分重要，他们在思想政治理论课与学校其他课程在学分设定、排课顺序、成绩管理、教学研究、综合测评、比赛获奖等方面平衡统筹的轻重缓急、比重倾向中发挥着十分重要的作用。具体到思想政治理论课讲好中国故事工作，思想政治理论课的课时设计、上课时间安排、平时成绩占比、成绩认定权限、成绩提交与修改等具体规定和执行状况，都会给思想政治理论课教学和其他实际工作的开展带来重大的影响。由于其自身在地位、内容、教学方式上的独特性，思想政治理论课往往需要学校教务管理部门工作人员给予比其他课程更多的关注和投入、更多的理解和关照、更多的探索和支持，这些工作使他们成为思想政治理论课讲好中国故事的重要主体。

第四，负责学生日常管理的人员的主体地位。思想政治理论课讲好中国故事工作与对学生的日常管理服务密不可分。高校学生工作部门，包括学校层面的学生处（党委学生工作部）、研究生院（党委研究生工作部）等相关机构以及各学院的学生日常管理工作责任人，在学生的生活管理、学习管理、奖励惩处、入团入党等方面发挥着主导作用。学生对思想政治理论课所讲的内容，特别是对中国共产党的领导、中国特色社会主义制度的优势、马克思主义及其中国化时代化成果的指导优势等内容的认知、接受和践行状况，往往和自身在学生生活中的具体感受密不可分。学生日常管理制度的公平、公正、公开，学生奖惩评优过程的合法、合理、合情，学生日常服务工作中体现出的热情、亲情、友情，都会影响学生对思想政治理论课上所学内容客观真实性的判断力、认同接受度及学习践行力。负责学生日常管理的主体要了解思想政治理论课，和思想政治理论课教师、马克思主义学院工作人员一起把握分析学生的思想状况，改进教学和管理的融合契合耦合程度，达到服务育人、管理育人、教学育人充分结合、相互促进、相得益彰的整体效果。

第五，课程思政相关人员的主体地位。对学生立德树人根本方针的落实产生作用的不仅有思想政治理论课。思想政治理论课之外的其他公共课程、专业课程都在不同的程度上发挥着各自的思想政治教育价值。非思想政治理论课思想政治教育功能的发挥和建设是课程思政的主要内容。课程思政具有的思想政治教育价值，在很大程度上是通过具有思政功能和价值的课程教学实现的。因此，课程思政的教学主体、学习主体，也就是其他非思想政治理论课的教师和学生同样是思想政治教育的主体。课程思政主体作用的发挥及其效果，对于形成学生在思想政治理论课上学习、接受中国故事教育的重要背景和前景认知具有十分重要的作用和价值，会直接影响学生对思想政治理论课讲好中国故事工作的接受和认同，对思想政治理论课讲好中国故事中的价值信念的培育、学习和践行。因此，课程思政的主体和思想政治理论课讲好中国故事工作的主体要彼此认同、相互交流，在更大的程度上实现“同向同行”，各自管好自己的一段渠，各自通过自己的教学发挥好引导学生的政治认同、价值培塑、行为引导的功能。

第六，“大思政课”相关人员的主体地位。学生不是在封闭的高校“象牙塔”里接受思想政治教育的。鲜活的社会现实、快速的社会发展、不断出现的社会热点，都是学生体认思想政治理论课教学内容真实性、客观性、可信度的重要影响因素。“大思政课”是利用学校之外的社会资源进行的具有思想政治教育价值和功能的各种活动的综合。“大思政课”要善用之，其含义就是要通过不断发展的、日新月异的新时代中国特色社会主义的发展成就来引导学生在关注现实、分析优势的过程中，发现马克思主义及其中国化时代化成果的“行”、中国共产党的“能”、中国特色社会主义的“好”，就是要利用不断上演的精彩鲜活的中国故事来引导同学们接受思想政治理论课的教学内容，不断增强对伟大祖国、中华民族、中华文化、中国共产党、中国特色社会主义的认同；就是通过对中国发展和中国故事的了解和把握不断增加听党话跟党走、为人民服务、建设中国特色社会主义、实现中华民族的伟大复兴的决心和信心、能力和本领。从这个意义上讲，中国特色社会主义建设的主体，不仅是思想政治理论课课堂讲好中国故事的“剧中人”“故事主角”，也是思想政治理论课讲好中国故事的重要讲述者、参与方、直接依靠和支撑力量。

思想政治理论课讲好中国故事的主体是多方面、多层级、多维度的。思想政治理论课教师和学生是最核心、最关键、最直接的主体；学校的领导管理服务相关主体是提供保障和支持、服务和管理的主体；课程思政的主体是直接对学生产生重大影响的主体；社会建设和发展中的相关主体则作为一种实证性、背景性、鲜活性的主体展示着思想政治理论课中的故事价值、故事韵味、故事情感和故事效果。作为思想政治理论课讲好中国故事的主体，他们之间要进行充分的互动和交流。其中，学校领导和教务管理服务部门要通过学习和调研提升管理服务水平；马克思主义学院的领导和管理服务人员要不断提升思想政治理论课的建设和管理水平；思想政治理论课教师要利用好课堂这个关键平台，在充分利用各种制度保障的基础上，在充分利用先进教学条件的基础上，深入火热的社会现实去“采风”“临摹”生动的故事素材，进而通过充分调动和引导学生聆听和分享中国故事，提升思想政治教育的功能，把故事讲好、讲鲜活、讲生动、讲深入，实现讲好故事、事半功倍的育人效果。

第四章　用什么方式方法讲好中国故事

思想政治理论课讲好中国故事，是一个十分艰苦的系统工程，这需要充分了解把握思想政治理论课，需要充分了解把握中国故事，需要充分了解把握思想政治理论课教师，需要充分了解把握思想政治理论课学生，需要充分了解把握“讲好”的要求和评价标准。习近平总书记指出：“中国故事怎么讲？根本在于传播理念，以理服人，以情动人，以我为主，融通中外。”[1] 本部分内容结合习近平总书记的相关重要论述，从思想政治理论课讲好中国故事的具体方式方法入手，以“讲好”为最终标准，分析适合于思想政治理论课讲好中国故事方式方法的相关内容，以便更好地推进对思想政治理论课讲好中国故事的深入研究。

[1] 本书编写组：《习近平讲故事》（第二辑），人民出版社，2022 年，第 77 页。

一、思政课讲好中国故事方式方法的六个维度

思想政治理论课讲好中国故事的方式方法，可以从不同的视角和维度进行分类和总结，我们需要从多个维度来审视和把握思想政治理论课讲好中国故事的方式方法。

1. 目标维度

思想政治理论课讲好中国故事的方式方法要服从服务于其教学目标。这个目标就是思想政治理论课的“政治引导功能”，要达到增强政治引导的效果。2019 年，习近平总书记指出：“政治引导是思政课的基本功能。”[1]“无论是通过讲故事、讲历史还是讲理论的方式讲思政课，都要体现思政课的政治引导功能。”[2]“要以透彻的学理分析回应学生，以彻底的思想理论说服学生，用真理的强大力量引导学生。”[3] 2022 年，习近平总书记指出：“思想政治理论课能否在立德树人中发挥应有作用，关键看重视不重视、适应不适应、做得好不好。思政课的本质是讲道理，要注重方式方法，把道理讲深、讲透、讲活，老师要用心教，学生要用心悟，达到沟通心灵、启智润心、激扬斗志。青少年思想政治教育是一个接续的过程，要针对青少年成长的不同阶

[1] 习近平：《思政课是落实立德树人根本任务的关键课程》，人民出版社，2020 年，第 17 页。

[2] 习近平：《思政课是落实立德树人根本任务的关键课程》，人民出版社，2020 年，第 18 页。

[3] 习近平：《思政课是落实立德树人根本任务的关键课程》，人民出版社，2020 年，第 18 页。

段，有针对性地开展思想政治教育。”[1] 结合这些重要论述，我们可以建构一个思想政治理论课讲好中国故事的逻辑体系：思想政治理论课讲好中国故事，要体现思想政治理论课的政治引导功能；政治引导功能的发挥，需要用透彻的学理分析、彻底的思想理论来回应和说服学生，用真理的力量引导学生，也就是要通过讲道理来发挥政治引导功能；思政课的本质为讲道理，要注重方式方法，讲深讲透讲活道理；讲深讲透讲活道理，需要老师用心教、学生用心悟；最终目标是沟通心灵、启智润心、激扬斗志。思想政治理论课讲好中国故事，就是为了讲深讲透讲活道理，就是教师用心教、学生用心悟的重要体现，就是服务于沟通心灵、启智润心、激扬斗志的重要抓手。

2. 主体维度

思想政治理论课讲好中国故事方式方法的主体维度，是从不同的故事讲述主体来审视和剖析思想政治理论课讲好中国故事的方式方法。2019 年，习近平总书记指出：“要注重启发式教育，引导学生发现问题、分析问题、思考问题，在不断启发中让学生水到渠成得出结论。这里面，会讲故事、讲好故事十分重要，思政课就要讲好中华民族的故事、中国共产党的故事、中华人民共和国的故事、中国特色社会主义的故事、改革开放的故事，特别是要讲好新时代的故事。讲故事，不仅老师讲，

---

[1] 《习近平在中国人民大学考察时强调　坚持党的领导传承红色基因扎根中国大地　走出一条建设中国特色世界一流大学新路 王沪宁陪同考察》，《人民日报》，2022 年 4 月 26 日第 1 版。

而且要组织学生自己讲。”[1] 这为我们从主体维度分析思想政治理论课讲好中国故事的方式方法提供了重要的遵循，指明了方向。

思想政治理论课讲好中国故事的方式方法主要包括师生两个方面。首先，就思想政治理论课讲好中国故事的主体类别而言，教师要讲故事，教师要组织学生讲。归结起来就是思想政治理论课老师自己要讲好中国故事，思想政治理论课学生要在教师的组织下讲好故事。其次，就思想政治理论课讲好中国故事的主体状态而言，老师和学生都要用心，老师是用心教，学生是用心悟。最后，就思想政治理论课讲好中国故事的目的而言，是为了把道理讲深讲透讲活，用真理的力量引导学生，达到沟通心灵、启智润心、激扬斗志的引导目的。

3. 教学维度

思想政治理论课讲好中国故事，是思想政治理论课教学体系的一部分、教学过程的一部分、教学环节的一部分。因此，思想政治理论课讲好中国故事，可以遵循教学的链条逻辑，在教学的体系中展开，在课程导入、内容阐释、问题解答、交流互动、交流评价、参观考察、教学实践等不同的教学环节中引入中国故事，用故事引出问题，用故事推动教学，用故事再现场景，用故事拉近距离，用故事解疑释惑，用故事激发感悟，用故事提升效果。从教学的维度看思想政治理论课讲好中国故事的方式方法，就能牢牢把握讲故事作为教学的一个手段、一个环节、一个要素的本质属性；就能把讲故事与讲理论、讲历

---

[1] 习近平：《思政课是落实立德树人根本任务的关键课程》，人民出版社，2020 年，第 22－23 页。

史等其他教学手段、教学环节、教学要素相互融合、紧密耦合、内在整合；就能防止为了讲故事而讲故事以及可能出现的故事“喧宾夺主”；就能避免讲故事教学活动与整个教学过程、教学体系的脱节脱离，与其他教学手段、教学方式“各唱各的调”“油水分离”的不良状态。

4. 内容维度

故事的内容，既是故事的本质所在，也是故事融入教学的一种“形式”。用什么视角去寻找故事，寻找哪些领域的故事，选择哪些故事都是思想政治理论课讲好中国故事在重要方式方法维度要考虑的问题。总体而言，思想政治理论课上要讲的故事内容，必须契合学生的需求、满足学生的渴求、击中学生的痒点和痛点，使学生对故事内容感到“解渴”“过瘾”，感到“兴奋”“激动”，让故事内容直接激发学生的聆听兴趣，直接启发学生的感悟思考。由此出发，思想政治理论课讲好中国故事的方式方法，就是从社会热点找故事、从理论难点找故事、从人生惑点找故事、从青春痛点找故事。把社会热点中的故事元素提炼出来，直接分析故事背后的社会状况、人性特点、感情脉络、对策举措等内容；把理论难点中的故事元素整合出来，从人物的跌宕起伏中，从家庭的演变悲喜中，推导出理论的魅力、价值的威力、制度的效力、信仰的伟力；将人生困惑的故事元素展示出来，用故事中的人物选择、青春成长、事业发展来为同学们的青春选择、价值践行和为民奉献提供榜样和借鉴、模范和参考。

5. 效果维度

思想政治理论课讲好中国故事，必须坚持效果导向。中国故事讲得好不好，最终要看人培养得怎么样。思想政治理论课讲好中国故事要从学生是否喜欢并愿意接受、践行等方面看具体效果。思想政治理论课讲好中国故事，要以学生听得进去、学得深入、信得坚定为标准，以学生深信笃行的程度来考量。思想政治理论课讲好中国故事方式方法的选择也应该从这一维度来探寻。因此，思想政治理论课讲好中国故事的方式方法要从了解学生的喜闻乐见开始，从学习模仿学生所熟悉的语言风格、讲述模式、互动方式入手，多用学生熟悉的青春语言，多用学生熟知的“语言梗”，多用同学们熟知喜欢的平等交流方式，多用学生熟练掌握运用的网络渠道。只有这样，学生在思想政治理论课上聆听中国故事、分享中国故事、交流中国故事的时候，才会更加放松、更加自在、更加自如，从而更能说出心里话、讲出真感受、进行深探讨、讲述真困惑，进而为更好地发挥思想政治理论课讲好中国故事的应有效果奠定基础、提供支撑。从效果维度来看，还可以从解疑释惑的角度来寻找和讲述故事，从增进信仰的角度发掘和讲述故事，从感情共鸣的角度来设计故事，从道理内化的角度来推演故事，从切实践行的角度来演示故事，从而不断提升中国故事的针对性，增加中国故事的品种类别，多讲针对性强的“靶向治疗”故事、“精准滴灌”故事、“深层清淤”故事，更好地发挥思想政治理论课讲好中国故事的效果。

6. 资源和平台使用维度

资源和平台是当今思想政治理论课教学的必备条件。从资源和平台使用的维度来看，思想政治理论课讲好中国故事要充分利用授课课件中提到的人物，发掘其背后的相关感人故事；

充分发掘纪录片、影视剧、游戏动漫中的人物或人物原型等的背后故事；充分发掘并提炼提取网络平台上的相关内容，使之成为思想政治理论课讲好中国故事的重要资源。此外，思想政治理论课要把鲜活的社会实践作为讲好中国故事的重要资源和凭借，深入挖掘现场教学、情景教学、实践教学中的感人故事，充分发挥故事中人物的原型及其亲人、故事现场的生活见证人、实践故事的相关管理者、亲历人等特殊身份的作用；充分发挥故事现场、故事情景、故事效果等要素的积极作用，不断实现思想政治理论课讲好中国大地故事，利用中国大地的各种要素不断改进思想政治理论课讲好中国故事的工作。

二、思政课教师讲好中国故事的方式方法

“办好思政课关键在教师。”[1] 思想政治理论课讲好中国故事，关键也在教师。教师讲好中国故事的方式方法，是思想政治理论课讲好中国故事的重要内容。思想政治理论课教师讲好中国故事的方式方法大致可以分为三种类型。

1. 思想政治理论教师在不同的教学环节讲好中国故事

中国故事蕴含着丰富的道理，中国故事鲜活生动，更能引人入胜。思想政治理论课教师在教学的各个环节都可以通过中国故事来推动教学的开展。

第一，用中国故事导入课堂。课堂导入是思想政治理论课

---

[1] 习近平：《思政课是落实立德树人根本任务的关键课程》，人民出版社，2020 年，第 25 页。

教学的重要环节，思想政治理论课教师可以在讲课之初用一个社会热点故事、一个自身生活故事、一段历史人物故事、一个重大新闻故事来吸引学生的注意力，让学生快速进入听课状态，然后从故事引出授课的主要内容。思想政治理论课的课程导入故事应该是学生比较熟悉或者有所耳闻的故事，这样可以更好地调动学生的积极性和参与感，水到渠成地进入教学环节。

第二，用中国故事阐释道理。“不要为了讲故事而讲故事，要把‘道’贯通于故事之中，通过引人入胜的方式启人入‘道’，通过循循善诱的方式让人悟‘道’。”[1] “思政课的本质是讲道理。”[2] 思想政治理论课要坚持内容为王，道理就是思想政治理论课的核心内容。思想政治理论课讲好中国故事，就是通过情景再现、感情共鸣，让学生更好地理解道理、接受道理、把握道理、践行道理。思想政治理论课讲的道理，都是需要实践证明、已经被实践证明、还需要实践继续证明的道理。共产党到底能不能，为什么能？马克思主义及其中国化时代化成果行不行，为什么行？中国特色社会主义到底好不好，为什么好？对这些问题的回答，需要理论的深度剖析，也需要史实和实践的鲜活证明。人民选择马克思主义的指导、选择中国共产党的领导、认同社会主义道路，更多的是因为这些选择带来的巨大成就和美好生活。讲好故事，让学生从故事中水到渠成地得出应有的结论，是把道理讲深讲透讲鲜讲活的重要方式，也是让学

---

[1] 中央文献研究室：《习近平关于社会主义文化建设论述摘编》，中央文献出版社，2017 年，第 213 页。

[2] 《习近平在中国人民大学考察时强调　坚持党的领导传承红色基因扎根中国大地　走出一条建设中国特色世界一流大学新路》，《人民日报》2022 年 4 月 26 日第 1 版。

生认同道理、践行道理的重要途径。

第三，用中国故事提出问题。“如果说在答案中个人的意图和见识起着很大作用，因此，需要用老练的眼光才能区别什么属于个人、什么属于时代，那么相反，问题却是公开的、无所顾忌的、支配一切个人的时代之声。问题是时代的格言，是表现时代自己内心状态的最实际的呼声。”[1] 社会中充满问题，学生的思想感受中充满问题，学生的问题既反映了学生对相关领域的了解认知程度，也反映了学生的价值选择和理念倾向。在充分了解学生问题的基础上，通过讲故事的方式启发学生对问题进行思考，得出对问题的解释和应对答案，是思想政治理论课讲好中国故事的重要方式。中国故事应对的问题是现实的多维度的鲜活问题，对这些问题的回答，很难用非此即彼、谁对谁错的方式来回答，往往需要考虑相关各方合理合法的关切和要求，需要考虑现实的条件和事件发生的来龙去脉，需要考虑相关各方的感情和关系。通过讲好中国故事，启发学生去思考自己问题的应对方案，启发学生去思考不同观点、不同方案之间的是非曲直、利弊得失，让学生在思考中深化对社会现实的认识，深化对社会发展的把握，深化对治国理政的感悟，深化对人民的感情。

第四，用中国故事提供答案。故事既可以导出问题，也可以回答问题。社会的发展、价值的选择和践行、社会方案的制定和实施，都是复杂的多维度、多主体、多领域、多方面的综合考量，都是在时间、资金、人力、资源等各种条件存在硬性约束情况下的统筹平衡。面对学生提问的各种“为什么……”“为什

[1] 中共中央马克思恩格斯列宁斯大林著作编译局：《马克思恩格斯全集》（第1卷），人民出版社，1995年，第203页。

么不……”“为什么不能……”等问题，教师要引导学生在相似的现实场景中设身处地地去思考问题在不同方面和不同领域的现实处境。在这种情况下，既不能简单地否定学生的问题（太肤浅、太幼稚、太理想化），又不能简单地给出一个应该如何的答案。在这种条件下，故事既可以在很大程度上让学生发现现实的复杂，也可以让学生明了自己问题的设置前提和条件基础是否成立、是否成熟，对自己问题的考虑是否周全，理解在实际操作中可能出现的复杂连锁反应，进而理解治国理政的复杂、现实问题的难解，激发学生学习的兴趣和进一步探索的动力。

2. 思想政治理论课教师结合教学相关要素讲好中国故事

思想政治理论课教师不是为了讲中国故事而讲中国故事，而是需要结合教学中的相关要素来讲中国故事。

第一，结合社会热点讲故事。随着网络技术的发展和普及，中国的网民数量达到了空前的程度。思想政治理论课学生绝大多数都是网络世界的原住民，他们对社会热点的关注程度很高，也十分愿意就社会热点发表自己的看法，表达自己的疑惑和不满。思想政治理论课要针对社会热点进行正确的引导，最大限度地降低社会不良舆论对学生的影响。思想政治理论课教师要把社会热点作为进行思想政治教育的重要契机和载体，引导学生围绕社会热点讲出自己的看法和困惑，讲出自己的希望和期待，讲出对不同社会舆论的看法和态度。在此基础上，思想政治理论课教师要深入挖掘社会热点的发生背景、发展进程、事实真相、反映的社会问题、体现的治理现实、价值选择、应对路径，最大限度地发挥思想政治理论课讲好中国故事的效果。

第二，结合学生疑惑讲好中国故事。一千个读者眼中有一千个哈姆雷特。思想政治理论课教师讲好中国故事，要充分考虑听课学生的疑惑，既要把握好具有普遍性的疑惑问题，又要把握好具有鲜明群体特性的疑惑问题。习近平总书记指出，“教师是解疑释惑的”❶，“学生的疑惑就是思政课要讲清楚的重点”❷。思想政治理论课教师要把学生的疑惑作为教学的切入点，作为师生交流互动的发力处，作为讲好道理的大抓手。习近平总书记指出：“学生关注的、有疑惑的问题其实也就几大类，要把这些问题掰开了、揉碎了，深入研究解答，把事实和道理一条条讲清楚。”❸ 学生的疑惑，有关于社会发展的，有关于国际关系的，有关于自身发展的，有关于人生选择的，这些疑惑具有共性，老师要把这些问题研深研透，找到具有典型性意义的故事进行深入讲解，把故事作为师生交流的载体和平台，把故事作为引导学生讲出心声的抓手，通过故事的推演讲好道理、讲好课程。围绕学生的疑惑，教师要对故事进行分层次、分领域、分步骤的分析，要正确面对和接受学生化解疑惑的渐进性、反复性，不断引导学生随着课程的推进、教师的讲解、知识的增加、阅历的提升，改进认知、把握社会、提升水平。

第三，结合自身经历讲故事。习近平总书记指出：“广大教师要用好课堂讲坛，用好校园阵地，用自己的行动倡导社会主义核心价值观，用自己的学识、阅历、经验点燃学生对真善美的向往，使社会主义核心价值观润物细无声地浸润学生们的心

---

❶ 习近平：《思政课是落实立德树人根本任务的关键课程》，人民出版社，2020年，第13页。

❷ 习近平：《思政课是落实立德树人根本任务的关键课程》，人民出版社，2020年，第15页。

❸ 习近平：《思政课是落实立德树人根本任务的关键课程》，人民出版社，2020年，第20页。

田，转化为日常行为，增强学生的价值判断能力、价值选择能力、价值塑造能力，引领学生健康成长。”❶ 教师的成长阅历、身体力行、模范带头，是学生关心关注的重要内容，是学生模仿成长的重要动力，是学生心服口服的关键要素。思想政治理论课教师要真正讲好中国故事，不仅需要把中国故事“讲”好，更需要把中国故事“做”好、“书写”好。“思政课教师只有自己信仰坚定，对所讲内容高度认同，做学习和实践马克思主义的典范，才能讲得有底气，讲深讲透，才能有效引导学生真学、真懂、真信、真用。”❷ 思想政治理论课教师要结合自身经历，讲好自身的价值选择故事、信仰确立故事、人生道路故事、爱情事业故事、家庭工作故事等，通过给学生展示自己的故事，给学生剖析自己的心路历程、人生感悟，更好地用真情换取真情，用坦诚拉近距离，让学生更好地感受教师的可亲可敬、可学可爱。

三、思政课学生讲好中国故事的方式方法探析

学生既是聆听中国故事的主体，也是讲好中国故事的主体。思政课学生如何讲好中国故事，是思想政治理论课讲好中国故事方式方法研究的重要内容。

1. 参与教师所讲故事的交流探讨讲好中国故事

思想政治理论课教师在讲好中国故事的教学中要及时关注

❶ 习近平：《做党和人民满意的好老师——同北京师范大学师生代表座谈时的讲话》，人民出版社，2014 年，第 6 页。

❷ 习近平：《思政课是落实立德树人根本任务的关键课程》，人民出版社，2020 年，第 12 页。

学生的反应。故事情节的跌宕起伏、引人入胜要反映在学生的聚精会神、情绪起伏上；故事人物的音容笑貌、理想信仰、价值选择要反映在学生的感动感佩、可学愿学上。学生通过自己对故事的感悟、对故事人物的感触、对故事情节的理解、对故事道理的把握来参与对故事的交流互动，成为思想政治理论课教师所讲中国故事的重要讲述主体、诠释主体、解读主体。特别重要的是，学生可以把教师所讲故事的人物情节和价值道理与新时代自身的发展进步、价值培育、信仰确立、社会理解、人生感悟相结合，从学生的角度进行分享，从而实现学生视角的故事讲述与阐释。学生视角与教师视角的交汇交融，可以更好地发挥故事对广大学生的引导功能，更好地实现故事的价值。

2. 结合相关道理讲好中国故事

思想政治理论课学生结合课堂上所讲的道理讲好中国故事，讲清楚对这些故事中不同人物的不同选择的认可或困惑，讲清楚自身对相关故事的理解和把握，是思想政治理论课讲好中国故事的重要方式。学生对把握社会的渴望与自身阅历的不足，使广大学生更希望、更愿意通过把握道理、规则来认识和应对各种问题。但在这个过程中，他们时常会产生疑惑与不解，这些疑惑往往来自自身所遇问题的多维度、多主体、多视角、多层面所带来的复杂性对自身所认可的道理、规则的挑战；往往来自所遇问题相关方没有做出学生所认定的应然选择而带来的应对乏力和阐释困境。思想政治理论课的师生要对学生所讲的这些故事及对这些故事的理解和把握一起进行分析研究、交流探讨，这样就可以不断推进思想政治理论课教学“往深里走”“往心里走”，不断提升学生的思想政治素养和水平。

3. 结合自身的成长讲好中国故事

思想政治理论课学生的自身成长，是反映社会发展的重要视角。学生对自身成长的深入了解和感悟是他们理解社会、理解家庭、理解人生的重要凭借。思想政治理论课学生对社会的看法、对人生的理解、对价值信仰的选择，都折射出自身的成长轨迹及感悟。学生结合自身成长讲好身边的故事、家庭的故事、家乡的故事，可以更好地理解和把握祖国的发展、社会的进步，可以更好地表达和展现学生的视角和思路、理解和感悟。这对于老师深入全面地把握学生的成长轨迹和思想价值状况及其演进脉络，对于老师更加全面生动地把握国家的发展和社会现实，都具有十分重要的意义。思想政治理论课不同学生所讲的不同的中国故事还可以从不同的视角、不同的区域、不同的方面反映学生的共性和差异，为思想政治理论课讲好中国故事提供大量丰富的、鲜活的、洋溢着青春气息的资源和信息。学生结合自身的成长讲好中国故事，不一定都要求有一个明确的结论，可以鼓励学生对这些故事进行多方位、多视角、多维度、多方面的解读和阐释，只要有利于推动学生价值信仰的良性培育，有利于学生看待问题、分析社会的能力的提升，就是一个好的故事，就是一个好的讲故事范例。

4. 结合自己了解的资料讲好中国故事

当代学生的阅读量都很大，这种阅读包括新闻资讯、微信分享、经典文献、书籍报纸、影视作品、视频短片、舆情评论等内容。学生在课堂外获取的信息远比在课堂上获取的信息多。这些课外信息的内容更为丰富、观点更为多样、细节更加丰满。

这些信息资料从不同的侧面冲击、影响和塑造着学生的价值选择、行为方式、理想信念、社会看法。思想政治理论课学生通过对这些资料中的故事的讲述分享，可以展示他们自己的信息渠道、兴趣所在、观点倾向、价值认同、信念追求。思想政治理论课学生所讲的这些内容，往往能引起同学们的关注思考和讨论交流，从而为更好地了解学生、引导学生提供良好的场景和抓手。思想政治理论课学生结合自己掌握的资料讲述的中国故事，具有阶段性特征，与学生的成长阶段有关系；具有时代性特征，直接反映了时代的烙印和痕迹；具有个体性特征，直接与故事讲述者的个人兴趣爱好相连。思想政治理论课教师要多鼓励引导学生讲好这类故事，组织学生进行交流探讨，允许不同观点和感受的交融辩驳，为学生在这一过程中自发地得出相关的正确结论提供良好氛围和场景。

四、思政课讲好中国故事的组织方式

思想政治理论课讲好中国故事，需要从教学设计之初进行顶层设计，这种设计需要从马克思主义学院（思想政治理论课教学管理单位）层面进行整体考虑，也需要在不同思想政治理论课课程教学中进行整体设计，然后由授课教师根据课堂实际进行具体操作。在这个过程中，学院、教研室、教师个体都具有组织实施的责任和功能。思想政治理论课讲好中国故事的核心动力是发挥各方面的积极性，通过讲好中国故事提升思想政治理论课的教学效果，更好地服务于思想政治理论课的政治引导功能，更好地服务于思想政治理论课的立德树人功能。在此基础上，思想政治理论课讲好中国故事的具体组织实施方式可以分为如下五种。

1. 以教师为主讲好中国故事

思想政治理论课教师是讲好思政课的关键所在。思想政治理论课教师不仅要把讲好中国故事设计到教学环节和教学体系之中，还要在教学过程中主动讲好中国故事。思想政治理论课教师讲好中国故事，不能是自己的独拉独唱、自我表演，必须在讲故事的设计中为学生的交流互动、参与研讨埋下伏笔、留足空间。因此，思想政治理论课教师讲好中国故事，是以教师为主讲好中国故事。在这种形式中，教师根据授课需要和学生实际，讲述中国故事的重要内容；然后，引导学生对故事内容、故事人物、故事情节和故事所体现的思想政治教育价值进行交流探讨，引导学生深入故事内部，体会其中的道理和情感；最终再由教师对学生的交流研讨进行总结评论，引导学生得出应有的结论和选择。

2. 学生分组讲好中国故事

“讲故事，不仅老师讲，而且要组织学生自己讲。”[1] 思想政治理论课讲好中国故事的重要主体是思想政治理论课的学生。一般的思想政治理论课授课班级的人数在100人左右，思想政治理论课教师在开学之初要对学生进行讲好中国故事的任务布置，讲清楚思想政治理论课学生讲好中国故事的重要性和具体方式，并让学生进行分组准备。一般而言，每个小组的人数以

---

[1] 习近平：《思政课是落实立德树人根本任务的关键课程》，人民出版社，2020年，第23页。

5～10 人为宜，由小组成员决定本小组讲授的故事主题、故事内容，然后让每个小组提交故事文本和故事最终呈现形式（可以是 word 文档、PPT 课件和视频资料，也可以是三种形式的任意组合）。在教师审核认可后，根据教学进度安排不同的小组进行故事讲授。故事的讲授可以是用最简单的一个人朗读故事文本的方式，可以是几个人分段朗读文本的方式，可以是朗读文本与播放 PPT 或者视频资料相结合的方式，也可以是由小组成员分别扮演不同故事角色进行舞台（借用教室讲台）表演的方式，等等。学生讲好一个完整的故事，应该包括故事内容，故事与思想政治理论课教学内容之间的关系，故事对思想政治教育的价值和意义，学生应该从故事中获得哪些价值和信仰资源以及理想和理论思考等。在学生讲完之后，教师要引导其他学生进行补充交流，谈谈自己的看法和认识，最后要由老师进行总结和提升，提炼故事的思想政治教育价值，从而更好地实现故事的思想政治教育功能。

3. 师生合作讲好中国故事

师生合作讲好中国故事，包括师生接力讲好中国故事和师生共同讲好中国故事两个类型。前者是指师生商定好接力讲述、共同讲述好一个大类的故事，所有的故事都围绕一个主题进行。比如，师生接力讲好中国共产党人的信仰选择故事、中国共产党人为民奉献故事，等等。在这一类讲好中国故事的活动中，大家都围绕这一个主题搜集不同的故事，然后根据设计在课堂上进行接力讲述，从而形成一个强烈的主题冲击，在学生们心中树立和培育中国共产党人的整体形象。后者是指教师和学生围绕同一个故事从不同角度或不同侧重点进行讲述和交流，对故事的主题内容、价值选择、人生方向、情感表达等内容进行多维度、多主体的分析和交流。在讲述这类故事时，教师或学生要事先把故事文本和故事相关资料发给大家，让大家在课前进行学习和把握，然后在课堂上进行深入交流。当然，师生也可以在交流中分享类似的故事，提升和巩固大家的故事教学效果。

4. 故事相关人讲好中国故事

习近平总书记指出："思政课不仅应该在课堂上讲，也应该在社会生活中来讲。"[1] 只有紧密结合社会现实的思想政治理论课才能更有说服力、更加鲜活。"'大思政课'我们要善用之，一定要跟现实结合起来。"[2] 思想政治理论课结合现实，就要讲好"大思政课"，把思想政治理论课的教育课堂搬到社会故事的发生地、火热实践的第一现场，充分用好各种资源。利用好社会资源，用社会资源讲好中国故事，是思想政治理论课讲好中国故事的重要方式。思想政治理论课教师可以通过把中国故事的相关人请进课堂，让故事主角、故事的参与者、故事的见证者、故事主角的家人等与故事紧密相关的人走进课堂，亲自讲述故事的来龙去脉、发展演进及其价值影响，提升故事的深刻性、生动性、可信度和感染力。

思想政治理论课教师还可以充分发挥实践教学讲好中国故事的作用。习近平总书记指出："要把课堂教学和实践教学有机

---

[1] 《"'大思政课'我们要善用之"（微镜头·习近平总书记两会"下团组"·两会现场观察）》，《人民日报》，2021 年 3 月 7 日第 1 版。

[2] 《"'大思政课'我们要善用之"（微镜头·习近平总书记两会"下团组"·两会现场观察）》，《人民日报》，2021 年 3 月 7 日第 1 版。

结合起来，充分运用丰富的历史文化资源，紧密联系中国共产党和中国人民的奋斗历程，深刻领悟马克思主义中国化的内在道理，深刻领悟为什么历史和人民选择了中国共产党和社会主义，进一步坚定‘四个自信’。”[1] 在实践教学中，教师要在自己和学生讲故事谈感想之外，充分发挥实践基地建设者、维护者、管理者、使用者的讲故事功能，请这些人在现场为师生讲述基地的谋划发展故事，讲好中国历史文化、革命建设改革和新时代的发展故事，提升学生的思想政治理论素养。

5. 用好“课外”的各种资源和方式讲好中国故事

思想政治理论课讲好中国故事，不仅包括在教室讲授、实践教学等“课内”环节，还应该高度重视“课外”环节的各种资源和方式。思想政治理论课的上课时间只占学生总体学习时间的一小部分，学生除了在思想政治理论课上接受思想政治理论的影响和引导之外，在思想政治理论课之外的学习生活中所发生的事情、进行的活动，同样会对学生的思想政治理论素养产生影响。因此，思想政治理论课要高度重视学生在“课堂之外”的时间，尽可能利用好“课外”的资源和条件讲好中国故事，发挥引导功能。思想政治理论课讲好中国故事的重要“课外”资源和方式分为“课前”“课后”等与教学内容密切联系的各种相关故事内容，还包括本来与思想政治理论课无关但会影响思想政治理论课教学效果的各种相关故事内容。

思想政治理论课要高度重视中国故事在学生课前预习和课

[1] 《习近平在湖南考察时强调在推动高质量发展上闯出新路子，谱写新时代中国特色社会主义湖南新篇章》，《人民日报》，2020 年 9 月 19 日第 1 版。

后完成作业等环节发挥的教育功能。可以让学生在课前准备与课程相关的故事，或者老师把相关故事作为课前资料发给学生学习，以备授课中使用。在课后作业中，要重视故事在学生学习中的效果检验和再教育功能，可以要求学生在回答课后问题的时候，既要讲清楚问题内在的理论联系、逻辑关系，还要用相关故事对问题进行深入解释和说明。思想的问题，往往来源于现实的困难，思想问题的解决，往往需要现实问题的解决。与课程内容不直接相关但直接影响学生思想政治理论素养的培育和提升的相关故事涉及全程育人、全员育人和全方位育人的方方面面，要针对学生在生活学习中的各种困惑事件和学生家庭碰到的具体疑难事件，积极主动引导学生讲出来，一起分析这些故事背后的制度优势和体制政策落实中的复杂性，既要高度重视讲清楚“为什么会这样”，解决好“怎么看这些事情”，还要进一步讲清楚“应该怎么处理和应对”这些问题和现象。在分清责任的基础上，积极为学生及其家庭提供指导帮助，直至协调各方面力量化解和处理问题。既要重视思想政治理论课自身的育人功能，又要重视该课程为学生思想政治理论素养把脉问诊的功能，发挥好“大思政课”的教育功能，为我国制度、体制、机制、政策的完善以及相关人员工作能力的提升提供有益的资讯、建议。

五、思政课讲好中国故事的相关关系

思想政治理论课讲好中国故事的方式方法要根据课程实际和学生的需要进行多样化运用，努力实现“运用之妙，存乎一心”的最高境界。在思想政治理论课讲好中国故事的实际应用中，要结合实际处理好故事的长和短、深和浅、明和暗、宽和窄、近和远、单和众的多种辩证关系，从而实现思想政治理论课讲好中国故事的境界提升和臻入化境。

1. 思想政治理论课讲好中国故事的长和短

思想政治理论课讲好中国故事，既可以完整地讲一个故事的背景、起源、发生、演化、发展、高潮、结局和后续影响，也可以用一个词语、一句话一带而过。前者体现为思想政治理论课所讲中国故事的长，后者体现为思想政治理论课所讲故事的短。长故事是完整故事，是对故事诸要素的齐备讲述；短故事是省略故事要素，用俗话俚语、诗词歌赋、历史典故来指代完整故事。长故事之上还有更长的故事，即对故事之前的故事、故事之后的故事的接续，从故事中看到人物的人生、历史的演化、格局的变化、国家的发展。从本质上讲，思想政治理论课的全部就是要讲好一个中国、中国共产党、马克思主义及其中国化时代化、中华民族、中国人民的发展演化、历史变迁、内在规律和历史影响的大故事、故事群，一个在不断延续的故事。

思想政治理论课的最长故事，就是整个思想政治理论课的全部，以及思想政治理论课之外的社会历史发展及对其规律、道理和价值信仰的解释、培育和践行。思想政治理论课要从课程的本质属性和教学目的出发，从整体上设计好这个大故事、长故事，并把这个大故事、长故事根据具体章节的教学内容分解为不同的小故事、短故事、相对独立的故事。大故事就像世界的漫无边际，小故事就像舞台的灯光焦点。思想政治理论课就是要通过讲述焦点的不断变换和场景连续转换实现从小故事到大故事、独立故事到连续故事的变化发展。

思想政治理论课讲好中国故事，要做到故事虽多而层次逻辑分明，内容虽广而内在功能相连、价值引导明确，实现“形散而神不散”，“聚是一把火，散是满天星”的效果，要做到每一个故事都印象深刻、精彩动人。长故事脉络清晰、逻辑完整、道理宛然；短故事言简意赅、指代清晰、发人深省。思想政治理论课所讲故事的长与短要根据具体实际需要来定，要随时关注听众的表情变化和神态反应，从而对听众的理解和接受程度作出判断，及时进行调整补充，实现最好的教学效果。

2. 思想政治理论课讲好中国故事的深和浅

“思政课的本质是讲道理”[1]，思想政治理论课讲好中国故事是服务于“把道理讲深、讲透、讲活”[2]的目的，是服务于“沟通心灵、启智润心、激扬斗志”[3]的最终需要。故事有浅深之别，道理有深浅之韵。思想政治理论课讲好中国故事，要充分发挥故事蕴含的道理和逻辑、感情和价值的多层次性，针对不同的听众，故事讲述者要通过对语言词汇的调整、用不同的声调音质的改变，来阐发和传递不同层次、不同侧重面的思想政治教育价值。思想政治理论课讲好中国故事，就要深入研究故事的不同阐释层次和解释深度，既要明了故事中人物的表现

---

[1] 《习近平在中国人民大学考察时强调　坚持党的领导传承红色基因扎根中国大地　走出一条建设中国特色世界一流大学新路》，《人民日报》，2022 年 4 月 26 日第 1 版。

[2] 《习近平在中国人民大学考察时强调　坚持党的领导传承红色基因扎根中国大地　走出一条建设中国特色世界一流大学新路》，《人民日报》，2022 年 4 月 26 日第 1 版。

[3] 《习近平在中国人民大学考察时强调　坚持党的领导传承红色基因扎根中国大地　走出一条建设中国特色世界一流大学新路》，《人民日报》，2022 年 4 月 26 日第 1 版。

选择，又要把握选择背后的价值考量，更要洞悉这些考量和价值选择之上的人生意义和社会规律，从而做到既能在故事本身的情节中理解人物，又能在人生的道路选择和价值实现中把握故事情节和人物命运，更能在社会发展进步中考量人物的作用和意义；引导学生不仅要考量眼前得失，而且要提升人生境界，厚植家国情怀、开阔人类视野。当然，在不同的思想政治理论课的课程中，对同一个故事的阐释，及故事引导作用的发挥也会有不同的侧重点，对某些故事深层次道理和意蕴的把握和体会需要更多的知识储备、人生阅历和社会经历。思想政治理论课所要做的就是把“种子”埋下，待岁月哺育，让“种子”开花，思想政治理论课讲好中国故事就要精准把握故事内容，针对不同的听众进行不同的阐释，该讲明白清楚的讲明白清楚，该点到为止的点到为止，该留白不讲的留白不讲，让聆听者既有当下的收获，也为日后对故事内蕴和价值的深度发掘和理解把握留下空间。

3. 思想政治理论课讲好中国故事的明和暗

故事是人物、情境和情节的结合体，人物是身份、性格、价值的承载者。各个人物在故事中的互动推动了故事情节的演化发展。情节的演化发展在明，人物的价值选择或明或暗（或明言或隐藏），故事的整体影响有明有暗（讲得出来、看得出来的和没有提及、难以判断的）。思想政治理论课围绕一个故事进行讲述，总是有主角、有主线，有重点关注、重点阐释、重点引申，有一带而过、不加说明、忽略不讲。思想政治理论课讲好中国故事，既要把明的内容讲清楚讲明白，还要把不明的、暗的内容“不讲明”“讲暗”，从而实现故事主题主线清晰明了，价值引导准确无误。同时，还要做到对“不讲明”“讲暗”的内容清晰洞见，因为这些内容可能是故事聆听者关注的对象，这些内容也有价值选择的参考指向。在故事的交流研讨中，故事中不明或者暗的部分在被提及、被关注的情况下，要做到对聆听者进行及时正确的引导、辩证全面的把握。

思想政治理论课讲好中国故事，不仅要对所讲故事中人物的表现和选择有精准把握，还要对人物的人生历程和价值演变有深入全面的把握。不同的人物固然有差异化的选择，同一个人物在不同的人生阶段、不同的情景场域也往往有不同的言谈举止、价值表达。思想政治理论课的故事讲述，要在充分了解和把握这些信息的基础上，对故事中所涉及的人物及其原型，以及人物的选择做出恰如其分的评价，不过毁誉、不走极端。当故事的聆听者对历史事实、故事人物的不同表现提出不同的描述时应及时引导，化解这些内容对所讲故事的冲击和影响，引导聆听者用发展的、辩证的、全面的眼光来分析判断故事中的人物在不同场景、不同时间的表现，端正对故事人物的整体表现进行分析评价的应有态度，从而把对故事的研讨和交流引向深入，引向更宽的视野和更高的层次，不断提升大家的思想政治理论水平和素养。

4. 思想政治理论课所讲故事的宽和窄

思想政治理论课讲好中国故事，需要聚焦故事的主要人物、主要情感、主要价值、主要选择、主要环节，对故事的其他人物、情感、价值及非主要情节等内容，要根据主题需要进行详略得当的处理，不能过多纠缠边边角角、非主要内容。当然，思想政治理论课上所讲的中国故事，可以把故事中相关相近的几个焦点结合起来，形成一个清晰的故事光圈，从而实现一个故事的多维度价值引领。故事聚焦的范围可以称为故事的宽度，可宽可窄，由故事讲述者详加分析和把握，使之适应教学目标。故事的宽窄服从服务于讲故事的引导领域和主要目的。宏观的历史故事具有较宽的聚焦领域，而生活故事的宽度就小得多；历史群体的故事具有更多的时代特征，体现更宏大的历史规律，而个体故事则更多地用来表述历史场景中特定人物的特定选择，是故事中的具体而微者。

思想政治理论课讲好中国故事时，“宽故事”和“窄故事”要搭配使用，相互佐证、彼此论证、互为补充。要通过宏观故事来展现历史场景和时代画卷，用具体故事进行细节描写和个体展现，既要用历史大人物的故事来说明关键节点的决策部署，也要用普通百姓的日常故事来展示历史大事件、大时代、大决策的具体效果。思想政治理论课讲好中国故事，就需要像电影电视剧一样，通过远近镜头的切换，通过广角和窄角的配合，通过大场面和小感动的辉映，来揭示历史风云、展现时代变迁、描绘生活演变、印证理论魅力、彰显奋斗风采。

5. 思想政治理论课所讲故事的近和远

思想政治理论课讲好中国故事，需要把握好故事教育的当下效果（近）和长远效果（远）之间的关系。故事是生动的，也是令人印象深刻的；故事是感人的，也是令人难以忘怀的。思想政治理论课讲好中国故事，一个重要的原因就在于故事在大脑中留存的时间较长，在很长时间之后仍然会被某种因素唤醒记忆，再次引发深度的思考、体会和感悟。因此，思想政治理论课讲好中国故事，既要确保在讲课的过程中、在学生学习这门课程的过程中、学生在本阶段的学习过程中感受到故事的魅力和价值，接受故事的教育和引导，起到中国故事应有的教育效果和价值，还要进一步使学生在日后的成长发展进步中，在漫长的人生阅历中，能不断地从思想政治理论课上所听的故事中汲取到新的智慧、体验到新的感悟、形成新的价值、获得新的动力。思想政治理论课讲好中国故事，既要选择鲜活的故事、贴近学生的故事，更好地实现学生当下对故事的理解和价值认可，帮学生“扣好人生的第一粒扣子，迈好人生的第一个台阶”[1]，为学生当下的选择和人生发展提供正确的航向和充足的能量；又要注意选择具有深邃道理的故事，选择经得起时间和复杂阅历检验的故事，选择包含更多人生智慧的故事，保证故事的长远效果和对学生的终身价值。只有这样，思想政治理论课所讲的故事及其效果才会历久弥新，成为学生人生道路上的持久动力和长效引导。

6. 思想政治理论课所讲故事的单和众

思想政治理论课讲好中国故事，既要高度重视单个人物故事、单个领域故事在凝聚焦点、精准施教方面的独特价值，也要高度重视具有内在逻辑体系的众多故事形成的冲击力和爆发力。思想政治理论课讲好中国故事，要充分发挥故事的先天优势和独特魅力，但也要充分估计故事的先天不足和独有的缺陷。故事的生动性给人以深刻印象，故事的可代入感可以令讲述者和聆听者身临其境、感同身受，往往会有打动心灵的效果。但是故事本身具有个体性，故事的发生需要各种特殊情景的聚合，

---

[1] 习近平：《习近平谈治国理政》（第二卷），外文出版社，2017 年，第 355 页。

或多或少具有偶然性、或然性。因此，单个故事、少量故事的理论说服力、价值塑造力、政治引导力往往容易受到质疑，发挥不了必然的、正向的、强大的效果。此外，思想政治理论课所讲的故事是经过精心选择的，讲故事的方式是用心设计的，往往能产生一时之效，但如果故事的聆听者遇到了其他的情节相似而选择不同的故事，可能就会对不同选择产生疑惑和冲突，从而影响自己的判断。

思想政治理论课讲好中国故事，一定要实现从单个故事到必然道理的转化、从单个故事到历史规律的深化、从单个故事到人生选择的感化、从单个故事到家国未来的升华。这就需要一方面通过故事讲好道理，讲好故事背后的“道”，“要把‘道’贯通于故事之中，通过引人入胜的方式启人入‘道’，通过循循善诱的方式让人悟‘道’”[1]。另一方面则需要用众多故事，用连续故事、故事群、故事库来展示故事的普遍性、故事蕴涵道理的深刻性、故事背后价值的高尚性、故事效果的人民性等内容。思想政治理论课要结合不同的授课课程、不同的授课单元、不同的授课阶段，围绕不同的主题、不同的领域、不同的价值选择组织形式多样、人物多元、时代多变的丰富故事，让学生在思想政治理论课的故事中发现故事与故事之间的接续发力，故事与故事之间的价值接续增值，故事与故事之间的联动常新常在。

---

[1] 中央文献研究室：《习近平关于社会主义文化建设论述摘编》，中央文献出版社，2017 年，第 213 页。

第五章　讲好中国故事有什么效果

思想政治理论课讲好中国故事，其出发点和落脚点是提升教学效果。衡量思想政治理论课的故事讲得好不好，其最终标准也是教学效果有没有得到提升，以及究竟得到了多大的提升。思想政治理论课讲好中国故事的效果可以分为课堂效果、育人效果、社会效果、效果考核及相关思考五个相互关联而又内涵各异的内容，我们通过对这五个内容的分析来整体把握思想政治理论课讲好中国故事的效果。

一、思政课讲好中国故事的课堂效果

思想政治理论课讲好中国故事最直接的体现就是课堂效果的提升。思想政治理论课讲好中国故事的课堂效果应该从如下四个方面进行考察和分析。

1. 学生出勤率、抬头率和点头率

思想政治理论课班级比专业课班级要大得多，很多思想政治理论课的授课班级人数在 100 人左右，人数多的班级能达到 150 人左右。如何保证学生按时出勤，如何保证课堂上的学生抬头听讲，如何保证所讲的内容入脑入心，是长期困扰思想政治理论课的重要问题，也是思想政治理论课提升课堂教学“形象”的关键。思想政治理论课讲好中国故事，充分发挥“大家都爱听故事”的优势，用故事中的人物形象、跌宕情节、情感波澜、奔放激情来提升学生身临其境的感觉，代入角色的体验，随着故事的发展而情绪起伏，从而大大提升了思想政治理论课的出勤率和抬头率。师生在故事讲述中和讲述之后的点评批判、观点交换、价值评判，都是思想政治理论课学生愿意聆听、主动参与、表达自我的重要环节。思想政治理论课讲好中国故事，只要故事情节精彩、道理深刻、人物饱满，故事与当下联系紧密、与学生关注契合，都会大大提升思想政治理论课的出勤率、抬头率和点头率。

2. 学生参与率

学生不是被动接受知识灌输和价值输入的容器，思想政治理论课也不能是教师的“一言堂”和“讲台上的独白”。思想政治理论课要在课堂之前对学生基础、兴趣、问题等内容进行及时掌握，并在此基础上精心选择故事、认真整理故事、生动演绎故事。思想政治理论课要随时根据学生的反应调整故事情节的节奏、重点，变换讲述的语气、音调，选择引导的方向、方式，最大限度地吸引学生关注聆听、参与交流。

思想政治理论课的故事讲述环节，可以引导学生对故事人物和情节发展进行评价和预判；在故事评论环节，可以引导学生对故事的整体发展、当下意义、价值借鉴、人生参考等内容发表自己的意见和建议，从而大大提高思想政治理论课学生的课堂发言率、参与率，大大提升师生共建课堂的程度和水平，增加教学的效果。

思想政治理论课讲述故事的主体从教师变为学生的时候，同学之间的相互激励和竞争、主角转换带来的新鲜体验，都会极大地提升学生的兴趣和参与热情。学生自己讲述故事，如果引导得当，能够激发学生作为故事的交流主体和评价主体对同学所讲故事进行讨论和评判的热情，可以调动大多数同学的参与积极性，也会借助学生对教师评价的重视而提升教师的话语权和引导力，成为思想政治理论课教学课堂活跃程度、参与程度、教师引导力度的倍增器、放大器，从而全面提升思想政治理论课的教学效果。

3. 教师的教学状态

学生的尊重和关注、认可和赞许、交流和感激，是思想政治理论课教师人生价值的重要支撑和体现。在思想政治理论课上，学生的认真听讲、积极讨论、接受认可，是思想政治理论课教师自尊自信的源泉和动力。学生的参与和认可，可以使思想政治理论课教学成为教师乐趣和喜悦的来源。思想政治理论课教师自身讲好故事、组织学生或者他人讲好故事，组织师生共同交流研讨故事，可以获得更多的自我认可和自我价值实现，从而不断提升教师的自尊自信、自立自强；成为激励教师进一步讲好思想政治理论课，讲好中国故事的强大动力，就形成了一个闭环的正向强化循环模式，不断推动思想政治理论课教师提升自我教学能力和水平，不断提升思想政治理论课的教学效果，也促使思想政治理论课学生更好地学习和表现，最终实现思想政治理论课教学水平提升，发挥思想政治理论课作为落实立德树人关键课程的重大作用。

4. 课堂教学整体的生态

思想政治理论课教学是一个类似于生态的系统，教学系统中的学生和教师之间的认可和尊重、教师的用心教和学生的用心悟、教师的教学生动和学生的积极回应，构成了教学生态的基本方面。思想政治理论课讲好中国故事，可以有效地提高教师的教学信心和教学吸引力，可以有效地提高学生的听课积极性和参与程度，可以有效地提高思想政治理论课所讲道理的生动性和形象性，可以有效地提升师生互动的频率和交流的深度。这些都为原有教学系统提供了更大的动力，从而在教师与学生之间、学生与学生之间，课上与课下之间、理论课堂与实践课堂之间，思政课堂与社会现实之间增加了能量和信息的交流与互动，在教学与听讲之间、在故事与理论之间、在历史与故事之间、在展示与反馈之间、在提问与应答之间增加了融入互嵌的频率和深度。所有这些，都使思想政治理论课教师的教学小系统、学生的听讲小系统、课堂师生交流小系统、课堂与社会交流小系统等思想政治理论课生态系统得到了持续的改善和提升。不同教学小系统之间的相互促进和支撑也得到了更好的发展，进而全面改进和完善了思想政治理论课教学大系统、教学大生态。

二、思政课讲好中国故事的育人效果

思想政治理论课讲好中国故事是为了立德树人，是为了“培养一代又一代拥护中国共产党领导和我国社会主义制度、立志为中国特色社会主义事业奋斗终身的有用人才”[1]，是为了达到“沟通心灵、启智润心、激扬斗志”[2] 的实际效果。思想政治理论课讲好中国故事的育人效果既要立足课堂，又要跳出课堂，从学生成长成才的维度进行综合考察评估。思想政治理论课讲好中国故事的育人效果主要体现在如下六个方面。

1. 学习优秀

思想政治理论课讲好中国故事，要推动学生从故事中明白做人做事的道理、明白当下的学习任务及人生状态、明白未来的道路选择和价值践行。学生的本职工作是学习。思想政治理论课讲好中国故事的效果体现为学生更加积极主动的学习态度和不断提升的学习成绩。青少年要立志成为为中国特色社会主义事业奋斗终身的有用人才，有用就是有能力、有态度、有水平、能奉献。人才的内涵就是有才干的人。“非学无以广才，非志无以成学。”[3] 因此，有了成为为中国特色社会主义事业奋斗终身的有用人才这一伟大的志向，就必然会努力学习、主动学

[1] 习近平：《思政课是落实立德树人根本任务的关键课程》，人民出版社，2020 年，第 5 – 6 页。

[2] 《习近平在中国人民大学考察时强调　坚持党的领导传承红色基因扎根中国大地　走出一条建设中国特色世界一流大学新路》，《人民日报》，2022 年 4 月 26 日第 1 版。

[3] 汲广运：《琅玡诸葛氏家风》，人民出版社，2015 年，第 75 页。

习、专心学习，从而成为全面发展的优秀学生。思想政治理论课的中国故事讲得好不好，讲的中国故事是否达到了既定的目标，就需要看思想政治理论课能不能、能在多大程度上促进学生在求学阶段的学习效果。

2. 品质优良

思想政治理论课讲好中国故事的效果最直接的表现就是培养的学生价值观端正、品质优良。学生的价值观端正包括增强“四个意识”、坚定“四个自信”、做到“两个维护”、拥护“两个确立”，也包括高度认同和积极践行社会主义核心价值观和价值体系，立志为社会主义现代化国家的建设增长才干、努力奉献。学生的优良品质不仅要体现在言语上、试卷上，更重要的是要体现在思想上、行动上。思想政治理论课讲好中国故事的重要体现就是学生从中坚定了信仰、获取了力量，积极参加各种集体活动，主动参加各种志愿活动，敬业乐群、乐于助人、勤俭勤奋、兴趣良好，从而成为一个大家高度认可、普遍赞许，能给大家树立模范榜样、带动大家和集体向上、向善、向好的学生。思想政治理论课讲好中国故事，思想政治理论课学生讲好中国故事、学好中国故事，就要体现为中国学生能用行动书写自身嘉言善行的好故事，使学生成为思想政治理论课上中国故事的新主角、续写中国精彩故事的主力军。

3. 更好发展

思想政治理论课讲好中国故事，激励学生做更好的自己，成就学生的成才梦想，不仅要看学生在课堂上的表现，更要看学生在今后的发展。思想政治理论课讲好中国故事的教学效果，要体现在更多学生的成才和发展上。具体而言，就是体现在学生综合测评、学习成绩、考研成功比例和就业率上。教育的最终效果要体现在人的改变上，要体现在人更好的发展上。因此，评价思想政治理论课讲好中国故事的效果，要深入学生的思想深处、生活日常、学习状态，要延伸考察学生的综合表现和未来发展，并从中发掘思想政治理论课讲好中国故事与学生的发展进步之间的联系、作用和功效。只有这样，才能更好地把握思想政治理论课讲好中国故事的实际效果，才能更好地发挥思想政治理论课讲好中国故事在学生成长过程中的综合价值，才能更好地改进思想政治理论课讲好中国故事工作，实现思想政治理论课讲好中国故事的综合创新、不断提升。

4. 事业成就

思想政治理论课讲好中国故事，就是要讲清楚中国发展的原因、动力和前景；就是要讲好正确的、科学的、优秀的价值理想和信念的内涵及其践行要求；就是要讲好如何奋斗才能更好地与祖国共进步，与人民同呼吸，实现人民需要和国家发展与自己的事业发展和成长进步之间的相互促进、相互成就。思想政治理论课讲好中国故事，学生从中获取了智慧和力量、汲取了价值和信仰，为自己的发展奠定了坚实的基础，就应该表现为更为精准找到更加合适自己的事业发展方向和道路，实现更为顺利、更为快速的事业发展。从一定意义上讲，一个学校毕业生的发展状况体现了这个学校的整体教育水平，在很大程度上反映了这个学校思想政治理论课的整体发展状况，在一定程度上反映了这个学校思想政治理论课讲好中国故事的整体效果。因此，思想政治理论课讲好中国故事的效果就应该体现在学生毕业之后选择更能符合国家发展和社会进步的事业，更能满足人民需要和期待的岗位，并根据形势变化不断做出新的调整和提升，从而实现更加满意的事业发展。

5. 人生幸福

思想政治理论课讲好中国故事是为了学生的发展，也是为了学生的人生幸福。思想政治理论课讲好中国故事的效果应该包括讲述中国故事的主体践行了故事中的价值品德信念，在故事倡导的价值品德信念指引下实现了应有的人生幸福。思想政治理论课讲好中国故事的效果体现在学生在正确的世界观、人生观和价值观的指导下，在把握历史大势和未来走向的基础上，能够更好地结合自己的实际，科学正确地看待和处理友情、亲情和爱情，科学正确地处理恋爱、婚姻和家庭，科学正确地对待健康、生活和工作，进而能够实现自己的身心健康、家庭幸福、工作顺利，能够不断调整和实现自己在生活各方面的预期目标，为自己营造一个幸福的生产生活环境，实现个人的进步发展健康，能够营造幸福美满充满爱意的家庭氛围，为家人的幸福生活提供良好的港湾，能够形成健康科学的生活方式，为自己的身心健康、积极向上向善提供坚强的支撑。

6. 为国奉献

思想政治理论课作为落实立德树人根本任务的关键课程，就是要把学生培养为“担当民族复兴大任的时代新人”“德智体美劳全面发展的社会主义建设者和接班人”[1]，就是要让学生参与到把我国建设成为社会主义现代化强国的伟大事业中，用自己的切实行动推动中华民族的伟大复兴。思想政治理论课讲好中国故事的终极效果要服从服务于中国特色社会主义建设事业、社会主义现代化国家的建设事业和中华民族的伟大复兴事业。因此，思想政治理论课讲好中国故事在育人成效上的重要体现就是学生在中国故事的激励和引导下，为中国式现代化建设、中华民族的伟大复兴和中华民族现代文明的建设，乃至人类的进步事业做出突出的贡献，推动社会进步、文明提升和人类发展。这些贡献具体体现在对学生的终身评价和历史认可中。这体现在对各种突出贡献荣誉获得者、各行业各级别的优秀先进代表及参与道德建设模范的培养、价值塑造和人生引导上；也表现在思想政治理论课、思想政治理论课讲好中国故事在这些做出突出贡献的英模的人生成长成才的过程中，起到了多大的作用，得到了多大的认可。从这个意义讲，思想政治理论课讲好中国故事除了对教育事业的自身做出了贡献外，也通过教书育人、立德树人推动了整个国家的发展、人民的幸福和人类的进步。

三、思政课讲好中国故事的社会效果

思想政治理论课讲好中国故事的效果还包括其溢到思想政治理论课之外的社会层面的效果。我们把这种效果称为社会效

[1] 习近平：《思政课是落实立德树人根本任务的关键课程》，人民出版社，2020年，第10页。

果，主要包括教育引领示范效果、学术研究效果和国家治理效果三个方面。

1. 教育引领示范效果

思想政治理论课讲好中国故事，不断促进其教育教学效果的提升，自然而然地会引起教学效果在其他课程中的进一步扩展应用。讲好中国故事的教学实践与案例教学、理论教学、历史教学紧密联系的同时又存在明显差异。讲好中国故事不仅对思想政治理论课具有较大的教学价值，能够不断提升教学效果，而且在其他涉及价值、伦理、历史领域的教育教学、组织管理、人际关系、活动开展等领域也具有较大的引领示范价值。思想政治理论课讲好中国故事与这些相关领域讲好中国故事可以相互促进、相互借鉴，共同发挥好中国故事的价值。思想政治理论课讲好中国故事，还可以对学校思想政治教育工作、学校的教育管理实践工作发挥自己的教育引领示范作用，并为这些领域的工作提供可借鉴的经验和规律，发挥好“讲好故事、事半功倍”的实际功效，把工作做到人的心坎上，让工作更具有温情和温度，使相关各方更具有激情和热情，更好地实现全员育人、全程育人、全方位育人，不断推进各项工作的顺利开展，提升育人效果。

2. 学术研究效果

故事教学，长期应用于学前教育、中小学教育。故事研究，一直为文学历史等学科所重视。思想政治理论课讲好中国故事，对于深入研究故事对青年学生的影响、对成年教师的影响、对社会大众的影响具有十分重要的价值；对于研究故事在政治学、管理学、教育学、哲学等学科的地位和价值具有十分重要的意义。同时，思想政治理论课讲好中国故事，也需要对这些问题进行长期的研究和反复的实践，从中提升认识和汲取经验教训，总结规律道理。故事对人们情感的调动和激发，对人们的组织和动员，对人们理论认识的价值和意义，都是思想政治理论课讲好中国故事研究的延伸领域，对于这些学科领域的不断拓展，具有重大的学术价值。

思想政治理论课讲好中国故事需要不断把党的创新理论、战略部署、工作规划、重大倡议和具体工作实践等内容纳入自己的研究领域，不断推动党的重要理念和创新词语的学术化、概念化和体系化，不断实现政治话语、故事话语和学术话语之间的融通转化，这对于形成中国自己的学科体系、学术体系和话语体系，对于不断构建中国特色的哲学社会科学具有十分重要的意义。

3. 国家治理效果

思想政治理论课讲好中国故事可以通过教育教学实践、讲好中国故事的相关研究和成果，不断推动国家治理的提升和完善，发挥国家治理效果。思想政治理论课讲好中国故事的主体，可以从讲好中国故事中提升能力和素养，并通过自身的建言献策、示范带领、相关调研和研究成果不断提升所在单位、所在社区和所在领域在讲好故事、推动发展方面的能力，在推动国家治理水平和治理能力的现代化，在推动周边民众的文明养成和素质提升，在促进法律法规、制度规则的制定完善等领域发挥自己应有的作用。

习近平总书记指出：“我们有本事做好中国的事情，还没有本事讲好中国的故事？我们应该有这个信心！”[1] 思想政治理论课讲好中国故事，在推动着做好中国事情、讲好中国故事，并在二者的互动交融中为推动中国的现代化水平和人民的更加幸福不断发挥着作用。此外，思想政治理论课讲好中国故事，对于形成有利的舆论氛围，提升中国的国际话语权和影响力，推动中华文化走出去，改善中国的国内外形象和推进社会主义现代化建设各方面也都具有十分重大的意义和价值。

四、思政课讲好中国故事的效果考核

思想政治理论课的考核是教师组织管理课堂的重要法宝，思想政治理论课讲好中国故事也要充分借助这个法宝，利用各个环节的效果考核推动讲好中国故事工作的顺利进行并取得成效。思想政治理论课讲好中国故事的考核结果既是做好工作的重要凭借和依据，也是工作效果和水平的重要展现和衡量。

1. 课堂考核

思想政治理论课的课堂考核，是指思想政治理论课课堂之中的考核，包括平常的出勤考核、发言考核、回答问题考核等内容。思想政治理论课讲好中国故事要充分利用课堂考核来推动工作的开展，提升教学效果。思想政治理论课教师要对积极筹划参与讲述中国故事的同学给予即时的肯定和鼓励，并给予相应的考核激励。例如，积极筹划讲好中国故事的同学，可以

---

[1] 中央文献研究室：《习近平关于社会主义文化建设论述摘编》，中央文献出版社，2017 年，第 209 页。

酌情给予课堂表现方面的奖励；对于给思想政治理论课讲好中国故事提出修改和完善意见建议的同学，可视为参与了课程助教的工作，酌情给予相应的肯定和分数奖励；对于积极登台现场讲述故事的同学（特别是其中的佼佼者），可以给予优先评定讲好中国故事先进个人等奖励，并酌情推荐其参加学院、学校的各种相关比赛；对于积极参与思想政治理论课上讲述中国故事的相关讨论交流并发表了较高水平、得到大家认可的言论、观点的同学，可以作为课堂重点发言、回答课堂重大问题的典范进行记录奖励。思想政治理论课讲好中国故事要充分发挥班级管理干部、党团员、课代表、课程积极分子的作用，把他们作为了解同学状况、把握教学效果、提升教学水平的重要抓手，鼓励他们在讲好中国故事的过程中要积极主动、努力探索、发挥先进模范作用，并给予他们相应的奖励。一般而言，思想政治理论课上的班级干部、党团员和课代表不能仅仅因为身份的不同而得到奖励，他们应该在完成本职工作的基础上，和同学们一起通过课程建设、课堂表现来获得相应的考核奖励和加分。

2. 平时成绩考核

“思政课重在塑造学生的价值观”[1]，思想政治理论课作为立德树人的关键课程，“知识是载体，价值是目的，要寓价值观引导于知识传授之中”[2]。价值的衡量不能仅凭学生试卷上的答案，

---

[1] 习近平：《思政课是落实立德树人根本任务的关键课程》，人民出版社，2020 年，第 18 页。

[2] 习近平：《思政课是落实立德树人根本任务的关键课程》，人民出版社，2020 年，第 19 页。

还要看学生的日常表现；不仅要看学生最终的笔试结果，还要看学生学习过程的状态。一般而言，思想政治理论课的平时成绩占比更高些（和其他课程相比较而言），这为思想政治理论课讲好中国故事提供了良好的基础和前提。

思想政治理论课教师要把讲好中国故事作为学生平时作业的重要组成部分，根据学生的班级人数把学生分成若干讲中国故事小组，让小组根据课程要求进行故事素材的选取、故事文本的撰写，选择故事的呈现方式，并针对故事展开深入交流，最后，师生根据各小组讲故事的情况通过共同打分，实现小组内部分值的差异化评定，充分调动小组组长和各小组成员的积极性，讲好中国故事。当然，思想政治理论课讲好中国故事的平时成绩，还可以涵盖对其他小组交流研讨的参与程度和参与质量，对教师所讲故事的学习感悟和分析研讨等内容，从而最大限度调动每一位学生参与讲中国故事的积极性，提高小组讲中国故事的整体水平，提升全班讲中国故事的能力。

3. 期末结课考核

思想政治理论课的期末结课考核是学生最为关心关注的内容。思想政治理论课最终考核环节的考核方式、考核内容、评定方式和评定标准，是思想政治理论课检验讲好中国故事的效果、提升讲好中国故事水平的重要依据和凭借。教师要把讲好中国故事相关内容设计进课程的结课考核环节，在试题的设计、试题的表述、阅卷的标准、判卷的实践中，考察学生对思想政治理论课上所讲重点故事的情节设计、价值导向、道理体现等内容的认可接受和把握践行情况。思想政治理论课在结课考核环节，还可以安排情景设问内容，设计与所讲中国故事相类似的故事情景，让学生把自己代入故事情境、代入某个人物的身份，做出自己的选择，以此来反映学生对思想政治理论课中所讲道理价值的认可程度、践行水平，进而可以反映出对故事中人物选择的褒贬评判、效法践行的情况。

在课程的结课考核环节，围绕讲好中国故事教学活动，要综合评定学生的平时成绩和结课考核成绩，在平时成绩和结课考核成绩出现较大出入的情况下，要深入分析原因，全面界定具体情况，在合理合规的基础上做出相应的调整，作为以后改进教学和考核的重要依据。考试是教师的法宝，分数是学生的命根。思想政治理论课教师要充分掌握课程考核各环节情况，更好地反映学生的实际学习过程和学习成效，引导学生把思想政治理论课所讲故事的道理价值内化于心、外化于行，充分发挥立德树人根本任务关键课程的应有作用。

4. 课程考核和教师考核

思想政治理论课讲好中国故事不仅是教师自己的事情，也不仅是某一门思想政治理论课自己的事情，这需要马克思主义学院和思想政治理论课教研室等相关各方统筹协调、积极推进。同一门思想政治理论课教学中讲什么故事、怎么讲故事，不同章节之间的故事讲授如何进行统一部署并形成有机整体，不同的思想政治理论课教学中讲什么故事、怎么讲故事，如何在不同门课程的故事教学中进行更高层面的统一部署形成更大的有机整体，这些都需要教研室、学院进行深入研讨交流、整体设计。在对思想政治理论课讲好中国故事的效果评估中，要充分发挥该课程教研室和学院的顶层设计作用，在充分发挥教师积极性、主动性和创造性的基础上，把思想政治理论课教师讲好中国故事的工作作为对教师进行综合测评和考核的重要内容。教研室和学院层面对这项工作的整体组织、创新落实、协同合作、具体效果等进行评估测评，作为对教师教学水平、教学能力和教学效果考核测评的重要方面。当然，教研室层面和学院的考核测评，要采取多样化方式进行，把专家评、同行评、领导评、学生评相统一，从多个视角、多个维度来整体考核思想政治理论课讲好中国故事的水平，最终得出合理服众的结果，促进这项工作的顺利开展和不断提升。

五、对思政课讲好中国故事效果测评的几个考量

思想政治理论课讲好中国故事的效果测评，是一个多维度、多层面、多视角的工作，需要对效果的实与虚、长与短、独与众、高与低、效果与投入等多方面进行综合考量，才能取得理想中的测评效果。

1. 效果的实与虚

学生价值观的养成、理想信念的培育和信仰的确立，都是一个长期的、反复的、不断演变的过程。思想政治理论课教师通过讲好中国故事影响了某些同学对自己理想信念的选择、人生价值的追求，使之有了更加清晰明了的认知和把握，有了更加坚定明确的践行，使这些同学更加主动积极、奋发向上，从而展现了思想政治理论课讲好中国故事的突出效果，这是思想政治理论课讲好中国故事的“实效”。

对于理想信念选择、人生价值追求还处在迷茫困惑阶段的部分同学，还需要进行长期的工作和阅历，思想政治理论课上

讲的中国故事或许还不能对他们产生立竿见影的效果，还不能使他们的人生状态发生肉眼可见的改变，但是，这不等于完全没有效果，只是这种效果还不足以使这些学生发生质的改变，甚至还没有发生明确清晰的量的提升，但是已经弱化、动摇了学生原有的不正确的价值信念、理想追求，开始激发学生认真思考、比较不同价值观的正误是非，已经为学生树立正确价值观、积极人生态度和理想信念提供了重大的支持条件，已经发生了心理深层的悄然变化。这种效果就是思想政治理论课讲好中国故事所产生的看不到但真实存在的效果，我们称为“虚效”。“虚效”不假，“虚效”不虚，“虚效”同样意义重大。思想政治理论课讲好中国故事的考核测评，既要重视其“实效”，也要重视其“虚效”，要对二者进行综合辩证、全面深入、真实客观的考核测评，使考核测评结果与实际发生效果相符合。

2. 效果的长与短

思想政治理论课讲好中国故事，是为了立德树人，立德树人是一个长期的过程。与打造思想政治理论课的“金课”，需要“绵绵用力，久久为功，止于至善”[1] 一样，思想政治理论课讲好中国故事的事业，也需要长期探索、不断实践、持续提升。这就要求在对思想政治理论课讲好中国故事工作的效果测评中，既要看到当下已经显现出来的对学生的教育效果（短效），还要看到已经埋在了学生心田脑海，需要一段时间以后才会凸显的

---

[1] 《习近平在中国人民大学考察时强调　坚持党的领导传承红色基因扎根中国大地　走出一条建设中国特色世界一流大学新路》，《人民日报》，2022 年 4 月 26 日第 1 版。

效果，和遇到一定的时机契机就会发生作用、推动学生提升成长的效果（长效）。既要看到这项工作中的探索和创新在今天的教育教学中的成绩效果，也要看到这些探索和创新对于提升教学效果长期过程中的支撑和奠基作用。从而对思想政治理论课讲好中国故事这项工作，对思想政治理论课讲好中国故事中的师生探索，对思想政治理论课讲好中国故事的实际效果，进行更加合理的考核测评。

3. 效果的独与众

思想政治理论课讲好中国故事效果中的独与众，分别是指单个故事、一类故事起主导作用的效果与多个故事、多类故事一起起主导作用的效果；思想政治理论课讲好中国故事这种教学方式起主导作用的效果与思想政治理论课讲好故事、讲好理论、讲好历史等多种方式联合在一起起主导作用的效果。学生的成长成才、道德养成、品质培育、价值塑造，是包括学校教育在内的社会整体教育培育与学生内在基因性格、家风家训、家庭文化背景氛围综合作用的结果，思想政治理论课讲好中国故事的效果要在这种整体背景和综合框架内进行测评。考虑到人的发展原因的多样性、差异性、多要素性及艰难性，这种效果的测评要把客观衡量和主观考量、长期观察和短期测评相结合，把单独因素和众多因素联系起来进行考量。思想政治理论课教学效果的综合性、整体性、连续性等特征也决定了讲好中国故事的教学效果要和讲好理论的教学效果、讲好历史的教学效果一起来衡量考虑。在这个过程中，客观的考核测评有其内在的局限和约束，学生自身的讲述和感受具有重要的地位和价值，需要把这两点结合起来进行考量。这种测评还需要考虑其清晰度的边界，要考虑到效果清晰和效果叠加的复杂情况，给出相应的测评结果。

4. 效果的高与低

效果测评必须进行量化，相对的量化标准和绝对的量化标准都是提升测评效果的重要依据。在思想政治理论课讲好中国故事的测评中，参评各方在各个测评阶段都要尽可能讲出自己的感受及程度。例如，对故事人物的敬佩程度，对故事价值的认可和赞赏程度，对故事背后的道理的理解和把握程度，故事对自己的激励和提升程度，思想政治理论课讲好中国故事在自身成长中的影响、感悟和激励程度，故事对自身的影响程度及持续状态和持续时间等。评估各方在各个阶段都要对这些内容进行尽可能精准的量化描述和表达。这样才能更好地实现对思想政治理论课讲好中国故事的效果测评，才能更好地实现改革创新、与时俱进、效果提升。

在思想政治理论课讲好中国故事效果测评中，要高度重视思想政治理论课教师个体和团队在讲好中国故事过程中的自身提升效果。思想政治理论课教师个体和团队只有在讲好中国故事的过程中不断坚定自身信仰和价值追求，不断加深对自身职业岗位的自豪与热爱，不断提升对讲好中国故事的感悟深化能力，才能更好地推进这项工作的持续改进。因此，在效果测评中，也要把思想政治理论课教师个体和团队的自我工作感知和效果认知，以及在工作中实现的自我能力提升和水平进步等内容纳入评价评估范围（包括有道理和依据的主观评价和客观量化等），不断完善测评体系和测评成效。

5. 效果的投入与产出

思想政治理论课讲好中国故事的效果是需要投入的，是有成本的。要做到同样的投入效果最大、产出最高。思想政治理论课讲好中国故事需要学院和教研室的规划设计，需要任课教师进行课程整体设计、资料查找整理、教学安排部署，需要师生的组织配合。另外，课堂展示和课后的考核等环节，都需要时间、人力、精力、物力的投入。对思想政治理论课讲好中国故事的效果测评，不仅要测评其最终的综合效果，也要测评取得这种结果的相应投入，测评投入与产出、投入与效果之间的比例关系，以便更好地发现规律、改进提升。在对思想政治理论课讲好中国故事的效果测评中，要综合考量讲好故事的不同方式方法之间、讲好故事与其他教学方式方法之间的关系，做好不同方式的最佳组合，争取做到以最小的投入获得最大的效果，实现思想政治理论课教学的最高效率、最佳效果。

思想政治理论课讲好中国故事的效果评估，是一个系统工程、长期工程、精密工程。这项工作需要学校的原则指导、学院的整体设计、教务部门的支持协调、教研室和老师的安排参与、学生的主动投入、各方面专家的考察评估和社会各界的大力支持。思想政治理论课讲好中国故事的效果评估，是思想政治理论课讲好中国故事整体工作的最终环节，也是下一轮思想政治理论课讲好中国故事工作开展和提升的前提和基础，值得深入研讨和实践，需要不断交流和提升。

第六章　怎么提升讲好中国故事的能力

习近平总书记指出："讲好思政课不容易，因为这个课要求高。"❶ 思想政治理论课讲好中国故事也不容易，因为故事不好讲。在探索思想政治理论课讲好中国故事的过程中，很多人认为讲故事是针对小孩子的事情，是件容易的事情。他们认为对中学生特别是大学生讲故事，是水平不高的表现，是降低思想政治理论课理论层次的事情，是老师偷懒的表现，是和推进思想政治理论课改革创新相违背的，是和"思想政治理论课本质上是讲道理"❷ 这一论断相违背的。这些认识是不客观的，偏颇的。思想政治理论课讲好中国故事不容易，因为讲好故事本身就不容易，对青年学生讲好故事更不容易，思想政治理论课讲好故事就

❶ 习近平：《思政课是落实立德树人根本任务的关键课程》，人民出版社，2020 年，第 10 页。

❷ 《习近平在中国人民大学考察时强调　坚持党的领导传承红色基因扎根中国大地　走出一条建设中国特色世界一流大学新路》，《人民日报》，2022 年 4 月 26 日第 1 版。

特别不容易。思想政治理论课讲好故事不容易，存在一个水平问题，这就需要通过研究思想政治理论课讲好中国故事的能力提升问题，来不断提高思想政治理论课讲好中国故事的水平。

一、思政课讲好中国故事能力提升的理论思考

思想政治理论课讲好中国故事的能力提升，需要从理论层面进行深入的研究，厘清讲好中国故事能力提升的理论问题，不断提升讲好中国故事能力的理论水平。思想政治理论课讲好中国故事的能力提升，要从思想政治理论课讲好中国故事能力提升的现实需求、具体内涵、具体要求等方面进行深入研究。

1. 现实需求

思想政治理论课讲好中国故事能力提升的现实需求是基础性问题。这个问题的实质就是思想政治理论课讲好中国故事的能力需不需要提升。对此问题的回答是肯定的，可以从如下几个方面进行分析。

第一，思想政治理论课教学改革创新的现实需要。“人才培养体系必须立足于培养什么人、怎样培养人这个根本问题来建设，可以借鉴国外有益做法，但必须扎根中国大地办大学。”[1]思想政治理论课教学，要“培养德智体美全面发展的社会主义建设者和接班人”[2]。作为“落实立德树人根本任务的关键课

---

[1] 习近平：《在北京大学师生座谈会上的讲话》，人民出版社，2018 年，第 10 页。

[2] 习近平：《习近平谈治国理政》（第三卷），外文出版社，第 36 页。

程”[1]，思想政治理论课要培养学生对中国共产党的领导、对建设中国特色社会主义、对马克思主义中国化时代化理论成果指导地位的正确认识和拥护，对中华民族、中华人民共和国、中华优秀传统文化的深厚感情和志愿奉献。要实现这一目标，不仅需要理论，更需要实例；不仅需要道理，更需要故事。思想政治理论课不仅要讲好自身道理背后的故事，更需要结合学生所学专业、学生未来职业讲好行业、产业、职业的故事，把大道理与小人生紧密联系，把国家大事与人生大事紧密结合起来。只有这样，才能更好地解决“空对空”的问题，更好地解决“不解渴”的问题，更好地解决“老话套话”的问题，更好地解决“没意思、没新意”的问题，让思想政治理论课“实”起来，“新”起来，更加具有吸引力和针对性，真正成为学生真心喜爱、终身受益的“金课”。思想政治理论课改革创新，归根结底是为了让学生更加喜爱这门课程，不断提升思想政治理论课教师用“学生喜闻乐见”的方式讲好道理的能力。讲好故事，事半功倍，故事是载体，关键是讲好，讲好就需要能力。因此，思想政治理论课讲好中国故事能力的提升是确认“会讲故事、讲好故事十分重要”之后最重要的事情，是推进思想政治理论课改革创新的重要需求。

第二，思想政治理论课讲好道理的需要。“思想政治理论课

---

[1] 习近平：《思政课是落实立德树人根本任务的关键课程》，人民出版社，2020 年，第 2 页。

的本质是讲道理。”[1] “讲道理才能影响人。”[2] 而故事贯穿讲道理的始终。

首先，故事是道理的基础，道理来源于事实。没有脱离事实的道理，任何道理都存在于一系列条件和前提之中。来自事实的道理，需要通过分析事实来了解和把握。讲事实，就是讲故事。思想政治理论课讲的道理，包括马克思主义及其中国化时代化的道理、中国共产党领导及其伟力的道理、中国特色社会主义的优势和效果的道理，无疑都离不开这些道理背后的事实、要面对的事实、要适应的事实、要结合的事实、要改变的事实等。所以，讲清楚道理、讲好道理，需要讲好事实。

其次，故事是讲道理的方式。“讲故事，是国际传播的最佳方式。要讲好中国特色社会主义的故事，讲好中国梦的故事，讲好中国人的故事，讲好中华优秀文化的故事，讲好中国和平发展的故事。讲故事就是讲事实、讲形象、讲情感、讲道理。讲事实才能说服人，讲形象才能打动人，讲情感才能感染人，讲道理才能影响人。要组织各种精彩、精练的故事载体，把中国道路、中国理论、中国制度、中国精神、中国力量寓于其中，使人想听爱听，听有所思，听有所得。”[3] 讲故事，不仅是国际传播的最佳方式，也是讲好道理、进行课堂教学的重要方式。把中国道路、中国理论、中国制度、中国精神、中国力量寓于

---

[1] 《习近平在中国人民大学考察时强调　坚持党的领导传承红色基因扎根中国大地　走出一条建设中国特色世界一流大学新路》,《人民日报》，2022 年 4 月 26 日第 1 版。

[2] 中央文献研究室：《习近平关于社会主义文化建设论述摘编》，中央文献出版社，2017 年，第 212 页。

[3] 中央文献研究室：《习近平关于社会主义文化建设论述摘编》，中央文献出版社，2017 年，第 212 页。

其中的故事讲好，就能实现大家“想听爱听，听有所思，听有所得”的教学效果。“深刻道理要通过讲故事来打动人、说服人。”[1] 思想政治理论课讲的道理大多数是深刻的道理，要让学生从故事中水到渠成地得出应有的结论，让学生从事实中得出令人信服的结论，被故事形象打动，被故事情感感染，才能更好地被故事道理影响；善用故事，用好故事，才能更好地把中国道理、中国理论、中国制度、中国精神、中国力量讲深讲透、令人爱听想听、心服口服。

最后，故事是道理的证明。“只有人们的实践，才是人们对于外界认识的真理性的标准。”[2] “马克思主义看重理论，正是，也仅仅是，因为它能够指导行动。”[3] 只有“在实践中得到预想的效果”[4]，才能更好地说明理论的正确，道理的真实可信。思想政治理论课讲道理，就其最终阶段而言，应该是道理在实践中，在指导实践的过程中，让人们得到预想的效果。只有这样，人们才会最终信服道理，遵循道理。思想政治理论课就是要用中国的治国理政故事、人民的幸福生活故事、中国推动世界发展的故事来论证中国道路、理论、制度、文化等领域的道理，这样才能“让事实说话”，更好地发挥思想政治理论课的应有作用。

---

[1] 《“与党和人民同呼吸，与时代共进步”——习近平总书记主持召开党的新闻舆论工作座谈会并到人民日报社、新华社、中央电视台调研侧记》，《人民日报》，2016 年 2 月 21 日第 1 版。

[2] 中共中央文献研究室：《毛泽东选集》，第一卷，人民出版社，1991 年，第 284 页。

[3] 中共中央文献研究室：《毛泽东选集》，第一卷，人民出版社，1991 年，第 292 页。

[4] 中共中央文献研究室：《毛泽东选集》，第一卷，人民出版社，1991 年，第 294 页。

第三，思想政治理论课教师提升自身综合素质的需要。道理不能干巴巴、瘦瘪瘪，道理不能仅仅靠重复经典论著、词语界定和逻辑推演来证实。“思政课上学生会提一些尖锐敏感的问题，往往涉及深层次理论和实践问题，把这些问题讲清楚讲透彻并不容易。”[1] 思想政治理论课的道理不好讲，思想政治理论课对教师的要求很高，而讲好故事，是提升教师综合素质的重要途径。讲好故事的前提是明白道理，故事是道理的生动表达，讲故事的目的是让故事传递道理。明白道理的内涵和逻辑、科学和作用，是选择素材、整理好故事进而讲好故事的前提。讲好故事的基础是明白历史。故事是发生过的事情，是历史的一部分。思想政治理论课讲好故事要讲清楚故事的来龙去脉、历史背景和未来发展。只有明白故事所处的大时代、大历史，掌握故事所在的小背景、小场景，才能更好地分析故事的发生发展、演进演变，更好地讲清楚故事中的情节变化和人物情感，更好地讲生动故事的价值选择和信念支撑，更好地讲鲜活人物的音容笑貌、时代启迪。讲好故事的关键是掌握技巧。故事的讲述需要高超的技术，需要对故事的场景、过程、要素进行整体把握和统筹考虑，需要对故事讲述中可能出现的问题进行合理安排和应对。思想政治理论课讲好中国故事的过程，是讲中国故事能力不断提升的过程，同时也是促进思想政治理论课教师全方位提升素质能力的过程。

第四，思想政治理论课学生更好地成长成才的需要。教学的最终目的是培养人、提升人。讲故事是为了感染人、激励人、

---

[1] 习近平：《思政课是落实立德树人根本任务的关键课程》，人民出版社，2020 年，第 11 页。

培育人、塑造人。思想政治理论课讲好故事是为了更好地培育担当民族复兴大任的时代新人，是为了让他们更好地在全面建设社会主义现代化国家的过程中成长成才，获得幸福人生。思想政治理论课讲好中国故事能力的提升是学生更好成长成才的需要。中国故事中展示的情怀最能打动人，这种情怀甚至可能影响孩子的一生。中国故事中的真情最能感染人，中国故事中的爱最能把家国教育和对学生的爱融为一体，增加思想政治理论课的温度。“学生的疑惑就是思政课要讲清楚的重点。”[1] 围绕学生的疑惑讲好故事、阐释道理、描绘未来，就能更好地激发学生的兴趣，使学生牢记从故事中获得的道理、故事论证的道理并灵活运用。

思想政治理论课讲好故事，需要用“马克思主义观察时代、把握时代、引领时代”，“科学回答中国之问、世界之问、人民之问、时代之问”，用思想政治理论课所讲的故事引导学生更好地认识中国、认识世界、认识时代、认识人民，更好地引导学生投身到时代建设的洪流之中，更好地“奋进新征程，建功新时代”。

第五，思想政治理论课更好地结合社会实践的需要。思想政治理论课具有强烈的实践性，深入社会实践，结合社会实践，是思想政治理论课教学的内在需求。“要高度重视思政课的实践性，把思政小课堂同社会大课堂结合起来”[2]，思想政治理论课要结合好社会实践，就要讲好中国故事，把丰富多彩的鲜活实

[1] 习近平：《思政课是落实立德树人根本任务的关键课程》，人民出版社，2020 年，第 15 页。

[2] 习近平：《思政课是落实立德树人根本任务的关键课程》，人民出版社，2020 年，第 20 页。

践故事引入课堂，激活课堂，增加理论的说服力和感染力，引导学生“立鸿鹄志、做奋斗者”[1]。

在社会实践中，思想政治理论课要围绕社会实践的主题，结合社会实践的场景，围绕社会实践与思想政治理论课教学的关系、社会实践与学生成长成才的关系讲好相关的故事。既要让学生明白应然和实然之间的辩证关系，还要让学生把“知其然”和“知其所以然”结合起来，发掘社会实践中的丰富故事，验证和深化自己在思想政治理论课堂中所学的相关内容，这样才能不断提升思想政治理论课开展实践教学的能力和水平，不断提升思想政治理论课结合社会实践的能力和水平。

2. 思想政治理论课讲好中国故事能力提升的具体内涵

思想政治理论课讲好中国故事能力提升，具体是指思想政治理论课讲好中国故事的能力从一个较低的水平和层次提升到一个较高的水平和层次。

第一，能力提升的前提是科学理解和把握“能力”。这种能力作为一种实现思想政治理论课讲好中国故事必备的各方面能力的有机融合、整体体现和具体展示，是一个有机的能力系统和综合体。它包括对思想政治理论课讲好中国故事的重要性、具体内涵、教学要求和影响因素的认知和把握能力，对思想政治理论课讲好中国故事的课前调研和制定教学计划的能力，对讲好中国故事的部署安排和动员组织能力，对讲好中国故事的课堂掌控和管理引导能力，对讲好中国故事突发事件的处理和

---

[1] 习近平：《思政课是落实立德树人根本任务的关键课程》，人民出版社，2020 年，第 21 页。

临场应变能力，对讲好中国故事的效果测度和评价能力，对讲好中国故事的反思和改进能力，等等。对这些能力的认知要从“讲好中国故事”的这一核心要求出发，具体包含了四个方面：第一，涉及从备课到讲课再到课后总结、反思的全过程；第二，渗透到教学设计、教学组织、教学实施、教学评价、教学改进等全领域；第三，涵盖教师、学生、教学环境、教学内容、教学方式等多主体多要素；第四，以学生对道理的理解、把握、认可与践行水平的提升度为最终效果评判的学生能力指向。思想政治理论课讲好中国故事的能力是一种体系性、复杂性、长期性、综合性的能力，是思想政治理论课教学改革创新中必须具备并掌握的一种能力。

第二，能力提升的核心词是“提升”。思想政治理论课讲好中国故事能力提升的中心任务是“提升”，提升的衡量标准是提升区间、提升度。思想政治理论课讲好中国故事能力的可衡量、可测度、可提升是能力提升的前提和基础；思想政治理论课讲好在中国故事能力提升的真实发生是能力提升的客观证明和现实支撑；思想政治理论课讲好中国故事能力提升的有规律、有经验、有举措、有步骤、有效果是能力提升的内在依据和抓手。提升思想政治理论课讲好中国故事的能力，需要研究提升的理论基础、目标指向、路径方法、组织步骤、效果实施等领域及各领域的规律和具体应用等内容。思想政治理论课讲好中国故事的能力提升，要深入围绕“提升”这一核心任务进行研究，把不断提升作为目标，把经验结合规律提炼作为提升的遵循和途径，不断进行提升研究，把提升的基础做扎实、做深厚，把提升的效果做大做强，把提升的研究做深做透。

第三，提升的目标是“增效”。思想政治理论课讲好中国故事能力提升，最终的目标和体现是不断增加思想政治理论课讲好中国故事的效果。这体现在思想政治理论课对学生政治引导基本功能的增强，[1] 对学生价值观塑造能力的增强，[2] 对立德树人根本任务的更好落实，对社会主义事业的建设者和接班人素质的提升等领域。提升思想政治理论课讲好中国故事能力是一个长期的复杂劳动，能力提升的各个环节和不同方面的改进完善与提升思想政治理论课讲好中国故事的整体效果、长远效果、深度效果之间的关系比较复杂，这其中既存在提升某个环节、某个方面的能力直接提升了故事（某方面）的效果，也存在故事（某方面）效果的提升是多个环节、多个方面共同发挥作用的结果。在研究思想政治理论课讲好中国故事能力提升的时候，要充分考虑教学因素的变化带来的影响，要充分考虑思想政治理论课讲好中国故事各环节、各方面之间的紧密辩证关系，还要考虑思想政治理论课讲好不同种类的中国故事、针对不同学生讲的中国故事、在不同场景下讲的中国故事等诸多变量给能力提升带来的复杂影响，以及给最终的效果测评带来的多角度、多样式、多性质的不同影响，从而更好地完善提升思想政治理论课讲好中国故事能力的相关研究。

3. 思想政治理论课讲好中国故事能力提升的具体要求

思想政治理论课讲好中国故事能力提升是一个需要从多角度、多维度、多领域、多层次进行整体考量的任务；是要放在

---

[1] 习近平：《思政课是落实立德树人根本任务的关键课程》，人民出版社，2020 年，第 22 页。

[2] 习近平：《思政课是落实立德树人根本任务的关键课程》，人民出版社，2020 年，第 18 页。

思想政治理论课教学体系中与其他教学方式、教学内容相协调、相适应，从而形成综合教学体系，发挥最大综合教学效果的任务；是要放在学生的成长成才、让学生真心喜爱、终身受益的维度进行考量的任务；是要放在中国共产党的治国理政、中国特色社会主义事业发展、中华民族伟大复兴和建设社会主义现代化强国的整体事业发展中进行考量、推进、完善、提升的任务。思想政治理论课讲好中国故事能力提升要服从服务于如下要求。

第一，立足实际结合教学过程。这就要求立足思想政治理论课讲好中国故事的能力结构和能力体系、能力基础和能力水平、具体条件和现实保障，结合教师的实际、学生的实际、教学的实际，在思想政治理论课讲好中国故事的整体设计环节、每门课程的课程设计环节、每堂课的教学环节以及课堂结束后、课程结束后、所有思想政治理论课都结束后的总结反思、改进、提升等具体工作中，在故事的素材整理、故事文本的编撰和组织、故事的展示和呈现、围绕故事的讨论和交流、对故事的点评和引导等具体工作中，不断创新探索、改进方式、总结规律，提高思想政治理论课讲好中国故事的能力和水平，提升功效和结果。

第二，以教学效果的提升为中心。思想政治理论课讲好中国故事能力的提升，就是思想政治理论课讲好中国故事效果的提升，并通过提升讲好故事的效果来提升思想政治理论课教学的整体效果。这就要将讲好故事、讲好理论、讲好历史过程中的故事元素、教学方式都有机融合在教学的各个环节、各个部分、各个要素，让学生通过理解和把握故事、感触和体认道理走进并触摸历史，进而实现故事、理论、历史之间的有机融合，让学生在教师的引导和塑造中不断形成和巩固自己的政治认知和价值观，不断提升学生“全面客观认识当代中国、看待外部世界，善于在批判鉴别中明辨是非”[1] 的水平。

第三，以提升学生对思想政治理论课的喜爱程度和受益程度为抓手。立德树人是教育的根本任务。学生在思想政治理论课教学中处于主体地位。提高学生对思想政治理论课的喜爱之情、关注投入，以及学生在思想政治理论课中的获益程度、思想政治理论水平，是思想政治理论课讲好中国故事能力提升的重要抓手。“学生的疑惑就是思政课要讲清楚的重点。”[2] 思想政治理论课要关注学生的关注、关怀学生的关怀，不断提升与学生的思想发展、思想困惑同频共振的能力，不断提升思想政治理论课所讲故事的引导作用与解决学生的疑惑之间的正相关关系，不断把解决学生的疑惑作为提升思想政治理论课讲好故事能力、实现教学效果的出发点和落脚点、主要抓手和切入契机。当然，思想政治理论课提升学生的喜爱程度和终生受益的程度，要立足课堂，立足当下，立足学生的具体实际，在解决学生的当下困惑的同时，也要按照学生成长成才规律、思想政治教育规律、思想政治理论课教学规律，关照学生的未来成长和人生发展，解决好学生在今后可能会遇到的思想理论困惑，至少为学生解决这些困惑和人生问题提供重要的基础性、方向性的指导和引导，为学生的终身受益、更好成长奠定良好的基础，提供发展的裨益。

---

[1] 习近平：《思政课是落实立德树人根本任务的关键课程》，人民出版社，2020 年，第 15 页。

[2] 习近平：《思政课是落实立德树人根本任务的关键课程》，人民出版社，2020 年，第 15 页。

第四，以提升中国共产党治国理政能力和社会主义现代化建设水平为旨归。“办好思政课，最根本的是要全面贯彻党的教育方针，解决好培养什么人、怎样培养人、为谁培养人这个根本问题。”❶ 为党育人、为国育才是对“为谁培养人”的科学回答。在此问题上，必须坚持教育“为人民服务、为中国共产党治国理政服务、为巩固和发展中国特色社会主义制度服务、为改革开放和社会主义现代化建设服务”❷。作为落实立德树人根本任务关键课程的思想政治理论课，其最终目的是为人民的美好生活、党的治国理政、中国特色社会主义制度的坚持和完善以及改革开放和社会主义现代化建设服务。思想政治理论课讲好中国故事，作为思想政治理论课教学的重要依托和凭借、重要抓手和举措，自然要服从服务于思想政治理论课的教育教学目标，把培养更多更好的、具有较高思想政治理论素质的人才，进而推动人民过上更加美好的生活，推动中国共产党提升治国理政的水平和效果，巩固和发展中国特色社会主义制度，促使改革开放和社会主义现代化建设各项事业的不断进步作为自己的旨归。

二、思政课讲好中国故事能力提升的实践路径

思想政治理论课讲好中国故事的能力提升，不仅是一个理论问题，更是一个实践问题。思想政治理论课讲好中国故事能

---

❶ 习近平：《思政课是落实立德树人根本任务的关键课程》，人民出版社，2020 年，第 9 页。

❷ 习近平：《思政课是落实立德树人根本任务的关键课程》，人民出版社，2020 年，第 10 页。

力提升的实践路径，就是在实际操作中如何提升思想政治理论课讲好中国故事的能力，涉及提升整体顶层设计、具体实现机制、实践实施方案、教学计划的落实等不同环节的内容。

1. 整体顶层设计

思想政治理论课讲好中国故事能力的提升在实践路径上要进行整体顶层设计。这种整体顶层设计要充分考虑思想政治理论讲好中国故事能力提升的实际条件、实际需要、提升目标、实践方案、实践保障、实践考核等内容，并充分考虑到这些不同内容之间要相互匹配协调、相互促进支撑。思想政治理论课讲好中国故事能力提升的整体设计，一般要求马克思主义学院提出基本方案，然后在学校的支持下，会同教务部门、学生日常管理部门、科学研究管理部门、党委宣传部门和学校办公室，进行整体协商改进，并作为学校制定的思想政治理论课教学管理文件的一部分由学校（或者学校思想政治理论课建设领导协调机构）发文明确。

思想政治理论课讲好中国故事能力提升的整体顶层设计，要充分体现学校思想政治理论课的教学特点和特色、现有水平和办学条件，充分体现讲好中国故事能力提升的组织保障、机构责任、人员保障、工作安排、协调实施、考核测评等内容，充分表明学校、学院和各相关单位在思想政治理论课讲好中国故事能力提升工作中的地位、职责、抓手、机制等相关内容，并尽可能提出量化指标、考核标准。此外，思想政治理论课教学所在单位（一般是马克思主义学院）也要针对思想政治理论课教学的实际，在学校相关文件的基础上，制定本级的相关文件，重点规范和指导教师在思想政治理论课上讲好中国故事，重点明确学院在教师外出培训、内部学习、教学交流、评奖评优、成果展示等领域对思想政治理论课讲好中国故事能力提升工作的支持和保障、要求和规范、测评和考核等内容。

2. 具体实现机制

思想政治理论课讲好中国故事能力的提升，在整体设计的基础上，要有确实的提升抓手，这些抓手就是讲好中国故事能力提升的具体机制，包括思想政治理论课教师讲好中国故事的学习培训提升机制、教学展示比赛提升机制、善用“大思政课”讲好故事提升机制、科学研究提升机制等。

思想政治理论课教师讲好中国故事学习培训提升机制，就是促使教师进行跨学科、多学科视角下的讲好故事的学习培训，不断提升思想政治理论课教师对故事、讲故事、讲好故事的认识和理解，不断提升思想政治理论课教师对讲好中国故事能力及其提升的认知和把握，并通过学习实践不断提升自身的能力的各种机制。

思想政治理论课讲好中国故事教学展示比赛提升机制，就是把思想政治理论课讲好中国故事的教学融入各种教学比赛中，或者单独举办讲好中国故事的教学比赛，让师生积极参与其中，通过各种比赛规则的制定、测评展示、评奖评优来不断完善提升思想政治理论课讲好中国故事能力的各种机制。思想政治理论课善用“大思政课”讲好故事提升机制，就是根据国家和社会的发展，思想政治理论课师生及时把社会发展的成果、人民美好的生活、党治国理政的伟大成就用鲜活的故事融入思想政治理论课教学的能力和水平的提升机制。这包括师生自己把“大思政课”中的故事融入思想政治理论课的能力提升，也包括思想政治理论课师生让“大思政课”故事中的当事人、见证人、相关人讲好“大思政课”故事的能力提升。思想政治理论课讲好中国故事的科学研究提升机制，是指鼓励和促进思想政治理论课师生和相关管理参与人员围绕思想政治理论课讲好中国故事工作进行学术研究、科学实验和理论实践经验总结、规律凝练等领域的研究，不断推进这一工作的科学化、体系化、理论化，以及这项工作的时代性、可操作性、可检验性和实效性的各种工作机制。思想政治理论课讲好中国故事能力提升的各项机制之间的相互协调、相互适应、相互支撑并发挥整体作用、取得应有效果，需要学校、各相关部门、学院和教研室、教师本人积极设计、主动参与、履职尽责、创优争先，不断实现这些机制运行良好、效果提升的理想目标。

3. 实践实施方案

思想政治理论课讲好中国故事能力提升的整体设计、具体机制，要通过每个学年、每个学期、每门课程的实践方案贯彻落实。思想政治理论课讲好中国故事能力提升的实践实施方案，包括在本学年所有思想政治理论课讲好中国故事能力提升的总体方案，本学期所有思想政治理论课讲好中国故事能力提升的落实方案，本学年每一门思想政治理论课讲好中国故事能力提升的实施方案，以及本学期每门思想政治理论课的落实方案等内容。思想政治理论课讲好中国故事能力提升的实践方案，要充分体现时代特点、时事热点、理论创新点和舆论关注点，充分体现这些内容对学生在思想、价值和政治等方面认同与践行的影响，进而结合课程特点、学生特点，进行适时引导、精准释疑、深度解惑。例如，围绕 2020 年以来的新型冠状病毒感染疫情防控举措及其效果，围绕2021年全面脱贫攻坚的实施和全面建成小康社会，围绕中美关系变局、台海风云变幻、俄乌冲突变化、国际格局变革等内容，组织实施讲好不同主题的中国故事能力提升的实践方案，把党的创新理论新观点、国家的发展进步新成就和世界的风云变革新态势深度耦合，从中体会和感悟思想政治理论课所讲道理的行、党的领导的能和中国特色社会主义的好，深刻感悟中国的发展变化对世界发展、人类进步和文明发展的推动作用。

思想政治理论课讲好中国故事能力提升的实践方案，要与思想政治理论课课程体系的变动发展、思想政治理论课授课内容的调整变化、思想政治理论课的教学建议紧密结合，充分反映这些变化，更好地适应这些变化，充分发挥这些调整的合理积极作用。思想政治理论课讲好中国故事能力提升的实施方案，要充分考虑不同故事在不同课程中的侧重点，充分考虑同一故事在不同课程中阐释解说内容的各自特点和相互补充，充分考虑不同故事根据教学需要形成必要的故事链、故事库、故事教学体系的内在要求，更好地发挥实践方案的整体性特点，更好地实现能力提升的质的飞跃。

4. 教学环节的落实

思想政治理论课讲好中国故事能力提升的教学环节，是指思想政治理论课讲好中国故事能力提升在教学环节进行落实的各项具体工作。具体包括：确定故事素材能力的提升，故事素材收集整理能力的提升，讲故事活动组织能力的提升，讲好故事的实施能力的提升，评判好故事能力的提升，故事引导能力的提升，讲故事的课后反思和总结能力的提升等内容。思想政治理论课讲好中国故事能力提升实际教学环节是思想政治理论课讲好中国故事能力提升的最终体现和综合展现环节，是前面各项能力提升的指向和目标。实际教学环节，更需要师生的精心设计和良好互动；更需要结合故事的内容、讲课的时机、师生的感受；更需要重视语音语调、行为举止、表情动作等内容在讲好故事的能力提升中的作用。在这一阶段，录制思想政治理论课讲中国故事的教学视频进行现场展示、接受观摩评判，在能力提升中占有十分关键的地位。

思想政治理论课讲好中国故事教学环节能力的提升更加依赖教师的个性发挥和个人魅力，更加依赖现场氛围的营造和讲述节奏的掌控。这些内容很大程度上是以科学为基础的艺术展现，需要根据具体的师生状况进行设计发挥和效果呈现，也是思想政治理论课讲好中国故事能力提升中值得期待、彰显个性、验证效果、证明实力的部分。思想政治理论课讲好中国故事能力提升在教学环节的落实，从课堂讲授之前的教学设计到步入课堂的形象展示，再到教学开始后的语言艺术和情景氛围掌控、话语节奏把控和词语雕琢以及师生互动中的激情碰撞、造势借势，都是值得研究、值得重视的内容，也都是需要反复打磨、深入钻研的过程，是促使结论从呼之欲出到水到渠成再到印象深刻，感受从油然而生到沛然难御再到牢记心间的过程。

三、思政课讲好中国故事能力提升的关键领域

思想政治理论课讲好中国故事能力提升，涉及多个主体、多个环节、多个层面、多个维度、多个视角。在思想政治理论课改革创新得到全方位支持和重视的情况下，很多工作的完成

完善是比较容易的，或者是经过简单的沟通交流后是不难完成的，而有些部分的完成完善则需要下较大的功夫、克服较大的困难、进行重点关注和攻关。这些领域构成了思想政治理论课讲好中国故事能力提升的关键领域，也是当下推进思想政治理论课讲好中国故事能力提升的工作重点。

1. 教师的重视和投入程度

“教师是立教之本、兴教之源。”[1] 在思想政治理论课教学中，“办好思想政治理论课关键在教师，关键在发挥教师的积极性、主动性、创造性”[2]。教师在思想政治理论课教学中，在思想政治理论课讲好中国故事能力提升中，都处于关键地位。教师是思想政治理论课讲好中国故事的关键因素，也是思想政治理论课讲好故事其他主体发挥作用的重要引导性因素。因此，在思想政治理论课讲好中国故事能力提升中，要高度重视思想政治理论课教师对这项工作的认知和理解；不断提升思想政治理论课教师讲好故事的意愿和投入；持续提升思想政治理论课教师贯彻落实讲好中国故事各项设计方案的积极性、主动性和创造性；创造条件帮助思想政治理论课教师自我加压、自我学习、自我提升，不断提高讲好中国故事能力的内生动力。要积极组织发动教师参加各种学习培训、比赛竞赛、教学展示，不断发挥教师讲好故事提升思想政治理论课整体教学效果的积极作用。思想政治理论课教师只有充分认识到讲好中国故事的必要性、可行性和高效性，只有实现从“要我讲好中国故事”到

---

[1] 习近平：《习近平书信选集》，中央文献出版社，2022 年，第 10 页。

[2] 习近平：《思政课是落实立德树人根本任务的关键课程》，人民出版社，2020 年，第 10 页。

“我要讲好中国故事”的转变，只有不断从“讲好中国故事、更好立德树人”的角度去充实自我、提升自我、关爱学生、改进教学、探索规律、完善方案、检验效果，才能更好地、持续地提升思想政治理论课讲好中国故事的能力，更好地推动思想政治理论课教学的改革创新，更好地发挥思想政治理论课的应有作用和价值。

2. 学生的支持和参与程度

学生是思想政治理论课存在的前提和目的，是思想政治理论课讲好中国故事的受教育主体，也是在思想政治理论课上学习的主体。“学生经常会把国外的事情同国内的情况联系起来，这个过程就会产生一些疑惑。学生的疑惑就是思政课要讲清楚的重点。”❶ 学生的疑惑是内生的，学生疑惑的化解和消失也要靠学生自己的理解和学习。思想政治理论课讲好中国故事需要充分掌握学生的疑惑所在，充分预判学生的未来困惑所在，深入分析学生的疑惑困惑症结，用故事来讲好道理，让学生在故事角色的代入中、在故事人物的选择中、在故事人物的言行阐释中体会正确的选择，坚定应有的结论，明确未来的方向。在这个过程中，学生的疑惑困惑，学生对故事人物的认知和理解，学生对故事背后道理和价值的看法和评判，都是思想政治理论课讲好中国故事能力提升的重要影响因素和关键领域。要不断提升在这些领域的工作及其效果，为思想政治理论课讲好中国故事能力的提升提供更大的支持。

❶ 习近平：《思政课是落实立德树人根本任务的关键课程》，人民出版社，2020 年，第 15 页。

思想政治理论课要用故事打开学生的“心门心结”，用故事化解学生的疑惑困惑，这就需要学生对思想政治理论课具有高度的信心和热情，对教师具有高度的信任和认可，对故事具有高度的关注和理解，对故事背后的价值和道理具有深度的思考和分析。因此，思想政治理论课讲好中国故事能力的提升，在很大程度上就在于调动学生的积极性、主动性、创造性；切入学生的兴奋点、疑惑点、关注点；契合学生的人生痛点、思想矛盾、选择冲突。只有在这些方面的能力获得提升，思想政治理论课讲好中国故事的能力才会实现不断突破，才会冲破天花板、更上一层楼。

3. 研究投入和实际水平

习近平总书记指出：“讲好思政课不容易，因为这个课要求高。”❶“思政课上学生会提一些尖锐敏感的问题，往往涉及深层次理论和实践问题，把这些问题讲清楚讲透彻并不容易。”❷ 讲好思政课不容易，把学生提出的尖锐敏感问题讲清楚讲透彻不容易，是思想政治理论课讲好故事经常面临的“两个不容易”。充分理解和把握这两个不容易，是深入研究思想政治理论课的重要动力，也是切实推动思想政治理论课改革创新的重要切入点。这两个不容易，归结为一点，就是把思想政治理论课讲好、讲清楚、讲透彻不容易。不容易就需要进行深入研究分析、理论剖析、实践检验；不容易就需要不断加大研究的投入、不断

❶ 习近平：《思政课是落实立德树人根本任务的关键课程》，人民出版社，2020 年，第 10 页。

❷ 习近平：《思政课是落实立德树人根本任务的关键课程》，人民出版社，2020 年，第 11 页。

进行水平的提升。对思想政治理论课讲好中国故事能力提升的研究投入和实际水平，在很大程度上决定了思想政治理论课讲好中国故事的能力提升程度和实际水平。

在思想政治理论课教学改革创新过程中，学校、学院、教师和学生以及学校的教务部门、科研管理部门都应该高度重视并大力支持对思想政治理论课讲好中国故事能力提升的研究，不断提高水平，促进教学。在这种研究中，如何推进思想政治理论课讲好中国故事的有效性是中心问题，要紧紧抓住“思想政治理论课为什么要讲好中国故事，思想政治理论课怎么样讲好中国故事，思想政治理论课讲好中国故事要构建什么样的教学体系，思想政治理论课讲好中国故事要实现什么样的目标”这些关键问题，不断结合时代特征、学生特点、课程特色，进行深入的研究，并以此带动思想政治理论课教学研究走向深入、走向高端、走向前沿，不断推动思想政治理论课讲好中国故事能力的再攀更高峰、再获新成就、再铸新辉煌。

4. 各级领导的认识和保障程度

提升思想政治理论课讲好中国故事能力，领导的重视和支持是最大的保障。“调动思政课教师的积极性、主动性、创造性，必须增强教师的职业认同感、荣誉感、责任感”[1]，其关键在领导；“配齐建强思政课专职教师队伍，建设专职为主、专兼结合、数量充足、素质优良的思政课教师队伍”[2]，关键在领导；

---

[1] 习近平：《思政课是落实立德树人根本任务的关键课程》，人民出版社，2020 年，第 25 页。

[2] 习近平：《思政课是落实立德树人根本任务的关键课程》，人民出版社，2020 年，第 25 页。

“在思政课教师选用、管理、考核中要严把政治关、师德关、业务关，解决好学风问题”[1]，关键在领导；“要创新工作机制，加大培养和激励工作力度，落实各项政策保障，提高这个岗位对优秀人才的吸引力，让思政课教师特别是青年教师的创造活力竞相迸发、聪明才智充分涌流”[2]，关键在领导；“改革思政课教师评价机制，提高评价中的教学和教学研究占比，克服唯文凭、唯论文、唯帽子等弊端，引导思政课教师把主要精力放在教书育人上”[3]，关键也在领导。

在中央高度重视思想政治理论课的情况下，地方党委、政府，特别是地方教育主管机构和部门，思想政治理论课所在的学校相关领导要高度重视思想政治理论课教学改革创新，马克思主义学院领导要把思想政治理论课教学作为中心任务，教务部门、学生工作部门、科研管理部门都应该从各自的角度和工作出发对思想政治理论课讲好中国故事的能力提升进行关注、支持，加强了解、沟通，不断提供必要的支持和助力。其中，学校党委、学校思想政治理论课主管领导和分管马克思主义学院的校领导要高度重视自身的作用，及时制定相关支持规范文件，及时召开各部门的协调交流和工作推进会，强力推进思想政治理论课讲好中国故事能力提升的各项工作。

---

[1] 习近平：《思政课是落实立德树人根本任务的关键课程》，人民出版社，2020年，第25页。

[2] 习近平：《思政课是落实立德树人根本任务的关键课程》，人民出版社，2020年，第25－26页。

[3] 习近平：《思政课是落实立德树人根本任务的关键课程》，人民出版社，2020年，第26页。

四、思政课讲好中国故事能力提升的几点思考

思想政治理论课讲好中国故事能力提升要服从服务于思想政治理论课讲好中国故事的目标，服从服务于思想政治理论课对学生的政治引导功能。围绕推进思想政治理论课讲好中国故事能力提升的工作，结合自己的工作实践，笔者提出以下五点思考。

1. 要服从服务于思想政治理论课讲道理的本质要求

“理论是灰色的，而故事色彩斑斓。”[1] “思政课的本质是讲道理。”[2] “讲故事就是讲事实、讲形象、讲情感、讲道理，讲事实才能说服人，讲形象才能打动人，讲情感才能感染人，讲道理才能影响人。要组织各种精彩、精炼的故事载体，把中国道路、中国理论、中国制度、中国精神、中国力量寓于其中，使人想听爱听，听有所思，听有所得。”[3] 其实讲事实、讲形象、讲感情，从某种意义上讲也是为了更好地讲道理，也是为了更好地说服人、打动人、感染人和影响人，进而让学生理解道理、认可道理、接受道理、践行道理。“话语的背后是思想、是‘道’。不要为了讲故事而讲故事，要把‘道’贯通于故事之中，通过引人入胜的方式启人入‘道’，通过循循善诱的方式让

---

[1] 人民日报社评论部：《习近平讲故事》，人民出版社，2017 年，序言，第 5 页。

[2] 《习近平在中国人民大学考察时强调　坚持党的领导传承红色基因扎根中国大地　走出一条建设中国特色世界一流大学新路》，《人民日报》，2022 年 4 月 26 日第 1 版。

[3] 中共中央文献研究室：《习近平关于社会主义文化建设论述摘编》，中央文献出版社，2017 年，第 212 页。

人悟‘道’。”[1] 思想政治理论课所讲的中国故事，都是蕴含着丰富道理、积极能量的故事。故事是“载道”的工具和平台，讲故事是传道、入道、悟道、行道的方式。讲好故事十分重要，在很大程度上，就是因为讲好故事对实现思想政治理论课的本质十分重要、对讲好道理十分重要。所以，思政课讲好故事能力的提升是服从服务于讲好道理这个本质任务的，要通过讲好故事的能力提升实现讲好道理的效果改善。

思想政治理论课所讲的故事，要把中国道路、中国理论、中国精神、中国力量寓于故事之中、涵在故事之内、放在故事深处，让人们在不知不觉、自发自愿中，水到渠成地得出应有的结论。思想政治理论课所讲的道理，是“马克思主义基本原理同中国具体实际相结合、同中华优秀传统文化相结合”[2] 的道理，是与中国实践紧密结合并指导实践建设的道理，是助力学生健康成长成才，使之成为社会主义现代化国家的建设者和接班人的道理。思想政治理论课讲好中国故事要紧紧围绕这些道理，深入阐释这些道理，为这些道理提供案例支撑、故事情境的论证、人物感悟的说明。

2. 线上与线下深度融合、网络与现实无缝对接

思想政治理论课既是一门需要“面对面”深度讲授交流的课程，也是一门需要“键对键”跨越时空解疑释惑的课程。如今的思想政治理论课已经从一支粉笔、一块黑板、一本教案、

---

[1] 中共中央文献研究室：《习近平关于社会主义文化建设论述摘编》，中央文献出版社，2017 年，第 213 页。

[2] 中国共产党中央委员会：《中共中央关于党的百年奋斗重大成就和历史经验的决议》，人民出版社，2021 年，第 67 页。

一本教材的简单授课阶段发展成为教学平台智能化、教学资源信息化、教学互动程序化的复杂授课阶段。与网络的深入融合，在平台上互动交流，用小程序管理教学成为众多思想政治理论课教学的常态。不少的学校在思想政治理论课教学中推动智慧教室的应用，把网络技术、数字技术、智慧教学发展到了新的阶段和高度。思想政治理论课师生在熟练使用这些资源平台和技术便利的基础上讲好中国故事，实现思想政治理论课讲好中国故事的升级迭代，实现课堂讲授的“面对面”和课堂之外的“键对键”的无缝对接、接续发力、深度交流、相得益彰。思想政治理论课讲好中国故事要充分利用这些资源平台提升学生自我学习、自主学习、相互学习的能力，让学生自己来完成事实真相的查询、资源资料的查找、社会现实的分析和问题疑惑的解答。思想政治理论课教师要及时关注、跟踪了解学生在自我教育领域的进展和困惑，在必要的时候给予引导和解答。思想政治理论课教师也可以把反映在网络世界、载体平台上的集中问题、复杂问题、疑难问题在课堂上进行研讨交流，逐步化解和解答。

3. 找故事、讲故事和书写故事有机融合、相互促进

在当今时代，找到一个好故事的素材并把它整理成一个适合在思想政治理论课堂讲述的好故事，是一件需要费心费力但不是特别困难的事情；在思想政治理论课堂上把一个好的故事讲述好、讲授好，实现故事的应有教学效果，也是一件需要费心费力但不是特别困难的事情；但是在思想政治理论课堂内外，故事讲述主体坚守和践行所讲故事中倡导的信仰和价值，不断用自己的言行书写新时代的中国好故事，则是一件需要终生持续努力、令人感佩的困难事情。习近平总书记指出：“要加强师

德师风建设，坚持教书和育人相统一，坚持言传和身教相统一，坚持潜心问道和关注社会相统一，坚持学术自由和学术规范相统一，引导广大教师以德立身、以德立学、以德施教。”❶ 思想政治理论课教师要做师德师风的模范，要做言传和身教相统一的楷模。思想政治理论课是传递价值的课程，“知识是载体，价值是目的，要寓价值观引导于知识传授之中”❷。“有人格，才有吸引力。亲其师，才能信其道。思政课教师要有堂堂正正的人格，用高尚的人格感染学生、赢得学生。要有学识魅力，用真理的力量感召学生，以深厚的理论功底赢得学生。思想要有境界，语言也要有魅力，从教师的话语中，学生能够感受到教师的人格和学识。”❸ 因此，思想政治理论课教师要做大先生，要做“经师”和“人师”的统一体，“既要遵守教学纪律，也要遵守政治纪律和政治规矩，做到课上课下一致、网上网下一致”❹。思想政治理论课要关注所讲故事中人物的道德实践、价值规范，要讲清楚思想政治理论课所讲故事中相关人物的踔厉奋发，讲清楚现实社会中的主流支流，讲清楚成绩和问题，给学生以正确的引导和培育。“要让有信仰的人讲信仰”是思想政治理论课的要求，让有道德的人讲道德，才更有说服力、感染力。思想政治理论课讲好中国故事，要把根基牢牢扎在书写好中国故事的基础上，进而实现“用心教”和“用心悟”的相得

---

❶ 习近平：《习近平谈治国理政》（第二卷），外文出版社，2017 年，第 379 页。

❷ 习近平：《思政课是落实立德树人根本任务的关键课程》，人民出版社，2020 年，第 19 页。

❸ 习近平：《思政课是落实立德树人根本任务的关键课程》，人民出版社，2020 年，第 16 页。

❹ 习近平：《思政课是落实立德树人根本任务的关键课程》，人民出版社，2020 年，第 15 – 16 页。

益彰，在思想政治理论课上把故事讲得更好、更精彩、更持久、更有力、更高效。

4. 要实现故事人物、讲述者和聆听者三者的融合契合

思想政治理论课讲好中国故事，只有实现故事人物的情境世界、故事讲述者的关注关怀、故事聆听者的认同释惑三者之间的境遇交融，故事中的人物感情、感悟和价值选择才能够在同频共振的条件下发挥最大的信仰传递、价值传导和感情共鸣的作用，才能最大限度地发挥应有的育人作用。思想政治理论课教师要把教材上的道理作为抓手，在这个道理涉及的领域之内寻找相关的契合故事。要让历史故事穿越时空，在今天现身说法、提供启迪、激发情感、增加认同；要让当代故事跨越职业、地域、身份的限制，在学生身上起到说明道理、敬仰楷模、增进斗志、努力奉献的作用。一方面，故事讲述者深入研究故事，仔细体会故事人物的情景处境，深入把握故事人物的身份性格，努力揭示故事人物的理想信念。只有把自己融入故事之中，代入故事角色，才能更好地讲好故事，更好地传递价值。另一方面，故事的讲述者要深入研究学生的需要困惑，分析其背后的成因，寻找化解途径，让学生在故事中看到与自己相似的人生经历、感受到自己有过的感触、体会到与自己相同的困惑、寻找到自己想要的答案和启迪。

5. 充分实现讲故事与其他教学方式的融合整合

故事不是万能的，充分发挥思想政治理论课讲好故事的作用，首先必须明确讲故事在思想政治理论课教学中的地位，正确把握讲故事的功效与局限，优势与条件。思想政治理论课要讲好中国故事的方式方法不能包打天下，不能为了讲故事而讲故事，不能单纯只讲故事，不能把思想政治理论课堂变成故事会，单凭讲故事也不可能完成思想政治理论课的任务和使命。思想政治理论课讲好故事的方式方法要与其他各种方式方法相互支撑、相互融合，合力推进思想政治理论课教学效果的整体提升。要用讲好故事来提升而不是消解思想政治理论课的理论深度、政治高度、历史厚度和文明广度。思想政治理论课要深入研讨哪些内容、哪些问题更加适合发挥讲故事的优势，通过哪些方式方法讲好故事；深入研讨如何实现讲故事和讲理论、讲历史的有机融合，实现优势互补；深入研讨本门思想政治理论课与其他思想政治理论课程在讲好中国故事的教学中如何实现接续发力、久久为功，如何实现前后衔接、资源整合，如何实现相同故事在不同课程中的深度挖掘、不同故事在同一领域相似问题上的相互佐证，从而更好地实现思想政治理论课教学的整体效果、长远效果。

参考文献

1. 著作类

[1] 中共中央马克思恩格斯列宁斯大林著作编译局．马克思恩格斯全集（第一卷）[M]．北京：人民出版社，1995.

[2] 中共中央马克思恩格斯列宁斯大林著作编译局．马克思恩格斯文集（第九卷）[M]．北京：人民出版社，2009.

[3] 中共中央马克思恩格斯列宁斯大林著作编译局．马克思恩格斯选集（第三卷）[M]．北京：人民出版社，2012.

[4] 中共中央马克思恩格斯列宁斯大林著作编译局．马克思恩格斯选集（第一卷）[M]．北京：人民出版社，2012.

[5] 毛泽东选集（第一卷）[M]．北京：人民出版社，1991.

[6] 毛泽东选集（第三卷）[M]．北京：人民出版社，1991.

[7] 毛泽东文集（第二卷）[M]．北京：人民出版社，1993.

[8] 习近平．习近平谈治国理政（第一卷）[M]．北京：外文出版社，2018.

[9] 习近平．习近平谈治国理政（第二卷）[M]．北京：外文出版社，2017.

[10] 习近平．习近平谈治国理政（第三卷）[M]．北京：外文出版社，2020.

[11] 习近平．习近平谈治国理政（第四卷）[M]．北京：外文出版社，2020.

[12] 习近平．摆脱贫困 [M]．福州：福建人民出版社，1992.

[13] 习近平. 做党和人民满意的好老师：同北京师范大学师生代表座谈时的讲话 [M]. 北京：人民出版社，2014.

[14] 习近平. 在纪念孔子诞辰2565周年国际学术研讨会暨国际儒学联合会第五届会员大会开幕会上的讲话 [M]. 北京：人民出版社，2014.

[15] 习近平. 习近平在庆祝中国共产党成立95周年大会上的讲话 [M]. 北京：人民出版社，2016.

[16] 习近平. 在中国文联十大、中国作协九大开幕式上的讲话 [M]. 北京：人民出版社，2016.

[17] 中共中央宣传部. 习近平总书记系列重要讲话读本 [M].（2016年版）北京：学习出版社、人民出版社，2016.

[18] 习近平. 决胜全面建成小康社会 夺取新时代中国特色社会主义伟大胜利：在中国共产党第十九次全国代表大会上的报告 [M]. 北京：人民出版社，2017.

[19] 中共中央文献研究室. 习近平关于社会主义文化建设论述摘编 [M]. 北京：中央文献出版社，2017.

[20] 习近平. 在马克思诞辰二百周年纪念大会上的讲话 [M]. 北京：人民出版社，2018.

[21] 习近平. 在北京大学师生座谈会上的讲话 [M]. 北京：人民出版社，2018.

[22] 中共中央宣传部. 习近平新时代中国特色社会主义思想三十讲 [M]. 北京：学习出版社，2018.

[23] 习近平. 在庆祝改革开放40周年大会上的讲话 [M]. 北京：人民出版社，2018.

[24] 习近平. 论坚持全面深化改革 [M]. 北京：中央文献出版社，2018.

[25] 中共中央宣传部. 习近平新时代中国特色社会主义思想学习纲要 [M]. 北京：学习出版社、人民出版社，2019.

[26] 习近平. 思政课是落实立德树人根本任务的关键课程 [M]. 北京：

人民出版社，2020.
[27] 习近平．在全国劳动模范和先进工作者表彰大会上的讲话［M］．北京：人民出版社，2020.
[28] 中共中央党史和文献研究院．习近平关于力戒形式主义官僚主义重要论述选编［M］．北京：中央文献出版社，2020.
[29] 习近平．论党的宣传思想工作［M］．北京：中央文献出版社，2020.
[30] 习近平．在党史学习教育动员大会上的讲话［M］．北京：人民出版社，2021.
[31] 习近平．论中国共产党的历史［M］．北京：中央文献出版社，2021.
[32] 中共中央党史和文献研究院．十九大以来重要文献选编（中）［M］．北京：中央文献出版社，2021.
[33] 中国共产党中央委员会．中共中央关于党的百年奋斗重大成就和历史经验的决议［M］．北京：人民出版社，2021.
[34] 习近平．习近平书信选集（第一卷）［M］．北京：中央文献出版社，2022.
[35] 汲广运．琅玡诸葛氏家风［M］．北京：人民出版社，2015.

2. 报刊文章类

[1] 把中国文明历史研究引向深入，增强历史自觉坚定文化自信［N］．人民日报，2022-07-16（1）.
[2] 习近平在中国人民大学考察时强调　坚持党的领导传承红色基因扎根中国大地　走出一条建设中国特色世界一流大学新路［N］．人民日报，2022-4-26（1）.
[3] 习近平在北京考察2022年冬奥会、冬残奥会筹办备赛工作时强调，坚定信心再接再厉抓好各项筹备工作确保北京冬奥会冬残奥会圆满成功［N］．人民日报，2022-01-06（1）.
[4] 习近平在中共中央政治局第三十七次集体学习时强调：坚定不移走中国人权发展道路更好推动我国人权事业发展［N］．人民日报，2022-

02 - 27 (1).

[5] 习近平在中共中央政治局第三十一次集体学习时强调：用好红色资源赓续红色血脉努力创造无愧于历史和人民的新业绩 [N]. 人民日报，2021 - 06 - 27 (1).

[6] 习近平在中共中央政治局第三十次集体学习时强调，加强和改进国际传播工作展示真实立体全面的中国 [N]. 人民日报，2021 - 06 - 02 (1).

[7] "'大思政课'我们要善用之"（微镜头·习近平总书记两会"下团组"·两会现场观察）[N]. 人民日报，2021 - 03 - 07 (1).

[8] 习近平在中央政治局第二十五次集体学习时强调，全面加强知识产权保护工作激发创新活力推动构建新发展格局 [N]. 人民日报，2020 - 12 - 02 (1).

[9] 习近平在全国劳动模范和先进工作者表彰大会上的讲话 [N]. 人民日报，2020 - 11 - 25 (2).

[10] 坚守人民情怀，走好新时代的长征路：习近平在湖南考察并主持召开基层代表座谈会纪实 [N]. 人民日报，2020 - 09 - 21 (1).

[11] 习近平在湖南考察时强调在推动高质量发展上闯出新路子，谱写新时代中国特色社会主义湖南新篇章 [N]. 人民日报，2020 - 09 - 19 (1).

[12] 就新冠肺炎疫情防控工作听取意见和建议，中共中央召开党外人士座谈会习近平主持并发表重要讲话，李克强通报有关情况汪洋王沪宁出席 [N]. 人民日报，2020 - 05 - 09 (1).

[13] 中央军委主席习近平签署通令嘉奖军队执行新冠肺炎疫情防控任务全体人员 [N]. 人民日报，2020 - 04 - 18 (1).

[14] 中共中央政治局常务委员会召开会议研究加强新型冠状病毒感染的肺炎疫情防控工作中共中央总书记习近平主持会议 [N]. 人民日报，2020 - 02 - 04 (1).

[15] 习近平春节前夕赴云南看望慰问各族干部群众向全国各族人民致以美好的新春祝福祝各族人民生活越来越好祝祖国欣欣向荣 [N]. 人

民日报，2020-01-22（1）.

[16] 习近平对“最美奋斗者”评选表彰和学习宣传活动作出重要指示，王沪宁会见“最美奋斗者”受表彰人员和亲属代表［N］. 人民日报，2019-09-26（1）.

[17] 习近平：坚定信心埋头苦干奋勇争先谱写新时代中原更加出彩的绚丽篇章［N］. 人民日报，2019-09-19（1）.

[18] 习近平. 继续沿着党和人民开辟的正确道路前进不断推进国家治理体系和治理能力现代化［N］. 人民日报，2019-09-25.

[19] 王向明. 思政课教师“人格要正”如何体现［N］. 光明日报，2019-04-09（13）.

[20] 一项历史性工程：习近平总书记调研京津冀协同发展并主持召开座谈会纪实［N］. 人民日报，2019-01-20（1）.

[21] 习近平. 举旗帜，聚民心，育新人，兴文化，展形象，更好完成新形势下宣传思想工作使命任务［N］. 人民日报，2018-08-23（1）.

[22] “与党和人民同呼吸，与时代共进步”：习近平总书记主持召开党的新闻舆论工作座谈会并到人民日报社、新华社、中央电视台调研侧记［N］. 人民日报，2016-02-21（1）.

[23] “改革的集结号已经吹响”：习近平总书记同人大代表、政协委员共商国是纪实［N］. 人民日报，2014-03-13（1）.

[24] 三年多没去上海了，看到大家，很亲切”：习近平总书记参加上海代表团审议侧记［N］. 解放日报，2014-03-06（2）.

[25] 姚洪越. 思想政治理论课讲好新时代故事路径探析［J］. 北京教育（德育），2020（6）：62-66.

[26] 张德玉，姚洪越. 思想政治理论课讲好中国共产党故事探析［J］. 思想教育研究，2020（6）：87-91.

[27] 姚洪越，朱建颖. 思想政治理论课讲好中国故事探析［J］. 北京教育（德育），2019（3）：51-54.

[28] 陈锡喜. 论高校思想政治理论课建设性与批判性的统一［J］. 思想理论教育，2019（5）：16-21.

后　记

十年磨一剑，此书的写作最初起源于2017年底申报的北京市教工委思想政治理论课教学重大课题“思想政治理论课讲好中国故事教学体系建设研究”。屈指算来，历时五年。这五年中，围绕思想政治理论课讲好中国故事，进行了深入思考，并通过发表学术论文的方式对成果进行了总结。2020年，在知识产权出版社国晓健编辑的支持和督促下，决定把前期成果进行总结提升，集结成书。事非经过不知难，此书的写作一波三折，疫情的肆虐，故事本身的多学科跨学科属性，思想政治理论课的不断变迁，都为本书的撰写造成了巨大的影响。

本书的写作，从主要内容的敲定，到具体章节的编排，再到文字的落实，都经过了反复的打磨和思考，但从心而论，自己并不十分满意。法无定法，思想政治理论课教学以价值和信仰的传递为核心，以政治引导为基本功能，从某种意义上来说，是以入脑入心、外化于行为最终目标的。思想政治理论课如何讲好中国故事，既要总结其中的普遍规律、一般道理，又要为不同教师的特色发挥、优势彰显提供较大的空间。思想政治理论课教学实践中的多姿多彩、丰富样式，使得思想政治理论课在如何讲好故事层面的经验总结和规律提炼具有很大的难度。

笔者和团队在思想政治理论课讲好中国故事教学领域有目的的实践只有不到五年的时间，所教学生也基本上限于所在高校的学生，普遍性还有待提升，规律性还在探索。所以，此书所写，也只能是虽竭尽全力仍水平有限的论述，很多思考和实践，很多规律的提炼和归纳，很多方式方法的尝试和总结，很多测评方法的具体效果等都还需要更多的时间、更多的实践、更多的研究。本书的内容在很大程度上只能是一个初步研究的总结，一个大家进行深入研究的起点和批判超越的对象，期待更多的人参加到这个领域，一起探索，一起努力，更好地把思想政治理论课教学这个具体领域研究得更好，把思想政治理论课教学效果改进得更好。

来日方长，思想政治理论课教学的探索和研究永无止境，思想政治理论课讲好故事的探索和研究永远在路上，我相信，在各界的支持和帮助下，在更多思想政治理论课教师的参与和实践的推动下，这个小小领域的研究会越来越深入、越来越成熟，在推动这个领域发展的过程中，推动思想政治理论课教学的整体提升，更好地助力思想政治理论课作为落实立德树人根本任务的关键课程的应有作用的发挥，更好地培育担当民族复兴大任的时代新人，让更多的学生“坚定中国特色社会主义道路自信、理论自信、制度自信、文化自信，在全面建设社会主义现代化国家新征程中勇当开路先锋、争当事业闯将”[1]。

此书的写作，得到了北京工商大学的大力支持，得到了本人所在单位北京工商大学马克思主义学院的鼎力支持，特别要

[1] 《习近平在中国人民大学考察时强调　坚持党的领导传承红色基因扎根中国大地　走出一条建设中国特色世界一流大学新路》，《人民日报》，2022 年 4 月 26 日第 1 版。

感谢知识产权出版社诸位同仁的耐心和帮助，国晓健编辑在此书的写作中，从书名的敲定到书稿的进度，从结构的调整到文字的斟酌，都付出了远远超出一个编辑正常工作范围和工作量的贡献。在此书写作的过程中，我的爱人魏爱青女士、我的儿子姚运涵都通过自己的方式给予了大力的支持。对于各位的付出和帮助，深表感谢。

姚洪越

2022 年 9 月 30 日